HAŸDÉE

ou

LE SECRET,

OPÉRA-COMIQUE EN TROIS ACTES

PAROLES DE M. EUGÈNE SCRIBE,

MUSIQUE DE M. AUBER,

MISE EN SCÈNE DE M. HENRY,

Représenté pour la première fois, à Paris, sur le théâtre royal de l'OPÉRA-COMIQUE, le 28 Décembre 1847.

PERSONNAGES.	ACTEURS.
LORÉDAN, amiral de Venise................................	MM. ROGER.
MALIPIERI, capitaine des Bombardiers................	HERMAN-LÉON.
ANDREA DONATO, enseigne................................	AUDRAN.
DOMENICO, matelot..	RICQUIER.
RAFAELA, pupille de Lorédan..............................	Mme GRIMM.
HAŸDÉE, esclave grecque....................................	LAVOYE.
OFFICIERS VÉNITIENS.	
MATELOTS ET SOLDATS.	
SÉNATEURS DE VENISE.	
HOMMES ET FEMMES DU PEUPLE.	

La scène se passe, au premier acte, dans une province vénitienne, à Zara, en Dalmatie.

ACTE PREMIER.

Le théâtre représente un riche appartement dans le palais du gouverneur de Zara, en Dalmatie. Portes et fenêtres au fond. Portes latérales. A droite un canapé et une table.

SCÈNE PREMIÈRE.

Au lever du rideau, LORÉDAN, MALIPIERI, et les principaux officiers de la flotte vénitienne sont assis à une table somptueuse, DOMENICO, plusieurs matelots ou esclaves grecs les servent.

PREMIER COUPLET.

LORÉDAN.
Enfants de la noble Venise,
 Vaillants marins !
MALIPIERI ET LE CHŒUR.
Vaillants marins !
LORÉDAN.
Que liberté soit la devise
 De nos festins !
MALIPIERI ET LE CHŒUR.
De nos festins !
LORÉDAN.
J'aime la vapeur enivrante
 De tous les vins !

MALIPIERI ET LE CHŒUR.
De tous les vins !
LORÉDAN.
Et gaiment, je permets qu'on chante
 Tous les refrains !
MALIPIERI ET LE CHŒUR.
Tous les refrains !
LORÉDAN, *seul, élevant son verre.*
Présent des dieux, douce ambroisie,
Viens charmer, consoler nos jours !
Par ton ivresse l'on oublie
Jusqu'à l'ivresse des amours !

DEUXIÈME COUPLET.

Amis, je bois à la défaite
 Du musulman !
Je bois ces vins que leur prophète
 Blâme et défend !
Demain le fracas de la guerre
 Et des canons !

Mais aujourd'hui le choc du verre,
Et répétons :
Présent des dieux, douce ambroisie,
Viens charmer, consoler nos jours !
Par ton ivresse, l'on oublie
Jusqu'à l'ivresse des amours !

CHOEUR.

Par ton ivresse l'on oublie
Jusqu'à l'ivresse des amours !

MALIPIERI.

Vive notre amiral ! il fait bien les choses. (*Aux officiers.*) Jamais je ne l'ai vu d'aussi joyeuse humeur !

LORÉDAN.

Vous trouvez, Malipieri...

MALIPIERI.

Hier, vous nous donnez un bal... aujourd'hui un dîner somptueux.

LORÉDAN.

Et demain peut-être une bataille.

MALIPIERI.

Quel luxe de plaisirs...

LORÉDAN.

Domenico, apporte nos chibouques.

DOMENICO.

Oui, maître.

MALIPIERI.

Et pour terminer dignement la soirée... fais dresser les tables de jeu.

LORÉDAN, *brusquement*.

A quoi bon ?

MALIPIERI.

Je défie tous ces messieurs... à commencer par vous, amiral !

LORÉDAN, *tressaillant*.

Moi, dites-vous... moi ?

MALIPIERI, *de même*.

Et pourquoi pas ?

LORÉDAN, *troublé*.

Pourquoi ?.. (*Se reprenant.*) Demain la flotte quitte le port de Zara pour retourner à Venise, et l'on peut employer sa soirée mieux qu'à perdre ou à gagner des poignées de sequins.

MALIPIERI.

Par le temps qui court les poignées de sequins sont rares ! et, si vous n'y tenez pas, n'en privez pas les autres... je parie cent pièces d'or au premier coup de dés.

TOUS.

Je les tiens !

LORÉDAN, *avec colère*.

Messieurs ! (*Se reprenant.*) Vous êtes les maîtres ! (*Se retournant vers Domenico.*) Qu'est-ce ?

DOMENICO.

C'est Haydée.

MALIPIERI, *bas aux officiers*.

L'esclave grecque qui nous appartenait et qu'il nous a enlevée.

SCENE II.

LES PRÉCÉDENTS, HAYDÉE.

HAYDÉE, *s'adressant à Lorédan*.

Monseigneur...

LORÉDAN, *avec bonté*.

Que me veux-tu ?

HAYDÉE.

Ma maîtresse Rafaëla, votre pupille, désirerait vous parler.

LORÉDAN.

C'est bien !.. je me rends chez elle. (*Aux officiers.*) Vous pouvez, Messieurs, passer dans la salle de marbre. (*Leur montrant les appartements à gauche.*) Rien ne vous y dérangera... je vous laisse.

MALIPIERI.

Ne reverra-t-on pas Votre Excellence de la soirée ?

LORÉDAN.

Je ne le pense pas.

MALIPIERI.

J'aurais désiré cependant l'entretenir, avant notre départ de demain, d'une importante affaire.

LORÉDAN.

Je suis toujours visible pour mes officiers... pour mes compagnons d'armes... ici... dans une heure... je vous attendrai.

MALIPIERI, *s'inclinant*.

J'aurai l'honneur de m'y rendre... (*Aux officiers.*) Et nous allons jouer jusqu'au jour.

LORÉDAN, *brusquement*.

Adieu, Messieurs. (*Il s'élance par la porte à droite pendant que Malipieri et les officiers sortent par la porte à gauche sur la reprise du chœur suivant.*)

CHOEUR.

Vive le jeu, douce folie,
Qui charme nos nuits et nos jours !
Par son ivresse, l'on oublie
Jusqu'à l'ivresse des amours !

SCENE III.

HAYDÉE, *regardant sortir Lorédan*, DOMENICO, *au fond du théâtre, donnant des ordres aux esclaves qui emportent la table*.

HAYDÉE.

Qu'a donc le maître ?.. comme il est sombre...

DOMENICO.

Lui ! il était tout à l'heure d'une gaieté folle. Il chantait, il versait à ses convives tous les vins de l'Espagne et de la Grèce... et tout à coup, ce qui lui arrive souvent, il a changé... il est devenu triste !

HAYDÉE.

C'est bizarre !

DOMENICO, *s'asseyant près de la table à gauche et nettoyant le chibouque de son maître*.

Et c'est dommage ! un si bon maître !.. j'en sais quelque chose, moi, serviteur de sa famille ; moi, gondolier de père en fils, qui ai abandonné Venise et me suis fait matelot, pour rester avec lui... et je ne suis pas le seul qui l'aime! il n'est puissant... que pour rendre service, il n'est riche... que pour les autres, et il fait du bien à tout le monde.

HAYDÉE.

C'est vrai!

DOMENICO.

A commencer par vous, pauvre jeune fille, échappée presque seule aux massacres de Chypre et tombée entre les mains de ce Malpieri...

HAYDÉE.

C'était là le plus terrible!

DOMENICO.

Et ce que vous ne savez peut-être pas, c'est qu'il vous a enlevée à Malipieri, non pas d'autorité, comme il le pouvait, mais en vous rachetant!.. toute sa part du butin qu'il lui a abandonnée pour vous ravoir!

HAYDÉE.

Est-il possible?

DOMENICO.

Et parce qu'il ne pouvait pas vous garder avec nous à bord, il vous a conduite ici, à Zara, dans sa famille, auprès de Rafaëla, sa pupille! une jolie fille, celle là!

HAYDÉE, *avec émotion.*

Oui.. elle est jeune, elle est belle!.. et toi, Domenico, qui sais tout, comment est-elle sa pupille? Elle est de sa famille sans doute?

DOMENICO.

Non!

HAYDÉE, *de même.*

Ah!.. on la lui a confiée...

DOMENICO.

Du tout! c'est une orpheline de famille patricienne, la nièce de l'avogador Donato, un dissipateur qui, il y a quelques années, s'est ruiné et s'est tué, laissant des dettes et sa nièce Rafaëla dans la misère. Lorédan, qui avait alors vingt-quatre ans, et qui connaissait à peine Donato, a adopté cette jeune fille.

HAYDÉE, *de même.*

Ah! il l'aimait!

DOMENICO.

Il y a six ans de cela. Elle en avait douze alors, et il ne l'avait jamais vue.

HAYDÉE, *vivement.*

Ah! c'est bien à lui... c'est généreux!

DOMENICO.

Et comme il ne pouvait l'emmener dans ses courses en mer, il l'a confiée ici à la femme du gouverneur, sa parente, qui l'a élevée.

HAYDÉE, *avec hésitation.*

Mais maintenant Rafaëla a dix-huit ans, et tout ce que son bienfaiteur a fait pour elle doit lui inspirer une reconnaissance...

DOMENICO.

Elle qui est votre maîtresse... et qui est toujours avec vous, a dû vous le dire...

HAYDÉE, *naïvement.*

Je ne le lui ai jamais demandé! mais Lorédan doit, comme tout le monde, admirer son ouvrage!

DOMENICO, *haussant les épaules.*

Ah bien oui!.. il la regarde à peine et ne s'en occupe guère...

HAYDÉE.

Tu crois?..

DOMENICO, *se levant et descendant au bord du théâtre.*

Il n'a plus le temps de rêver aux amours!

HAYDÉE, *vivement.*

Ah!.. (*Avec embarras.*) Il n'a donc pas toujours été ainsi?

DOMENICO, *gaiement.*

Lui!.. Lorédan Grimani!!! c'était de tous nos jeunes patriciens celui qui faisait autrefois le plus de bruit à Venise, par ses plaisirs et ses folies! Pas une mascarade, pas une fête au Lido, dont il ne fût le héros! j'en sais quelque chose, car c'est moi qui conduisais sa gondole. Et que d'aventures, que de sérénades, que de coups d'épée!.. c'était là le bon temps! que son palais était beau, la nuit, à la clarté de mille feux, aux accents de la musique et de la danse, aux éclats du festin, au bruit de l'or et des dés qui roulaient sur le marbre! c'est ainsi qu'il a dépensé plus des trois quarts de sa fortune, sans y regarder, sans compter! se ruinant et riant toujours!.. pendant que les vieux sénateurs secouaient la tête, et se disaient entre-eux : Jeunesse oisive et dissipée qui finira mal! avenir et talents perdus pour la patrie!

HAYDÉE.

O ciel!

DOMENICO.

Voilà que tout à coup, le lendemain d'une fête magnifique, où il avait invité tous ses compagnons de folies et toutes les beautés de la ville, il renonce au bal, aux courtisanes et à tous ses amis. Il dit adieu à Venise, équipe un navire, se fait soldat et va se battre contre les Turcs, mais se battre, dit-on, de manière à se faire tuer! depuis six ans il ne fait que cela. C'était chaque année nouvelles victoires, nouveau butin, nouveaux grades! estimé du Sénat, adoré du peuple, il est amiral de Venise et sera doge un jour! il est glorieux, il est grand, il est riche!.. mais il ne rit plus!

HAYDÉE.

En vérité!

DOMENICO.

Excepté les jours de bataille... il se réveille... il est heureux, mais le danger passé, la victoire gagnée, pendant que chacun le félicite, il écoute à peine, il baisse la tête et j'ai vu même quelquefois, quand il se croyait seul, des larmes couler, là! (*Montrant sa joue.*)

HAYDÉE, *avec intérêt.*

Ah ! mon Dieu !

DOMENICO.

Bien plus ! (*A voix basse.*) moi qui couche près de son appartement, je l'entends toutes les nuits se promener avec agitation... et une fois, il parlait si haut... que quoiqu'il m'ait défendu de jamais le déranger... je suis entré.

HAYDÉE.

Eh bien ?

DOMENICO.

Eh bien !.. c'était effrayant. Il ne m'avait ni vu, ni entendu ! il dormait, comme qui dirait tout éveillé. Il était assis, et quoiqu'il n'eût devant lui ni table, ni cornet, il avait l'air de rouler des dés, et il disait : Six et quatre ! six et quatre... puis un grand silence !... puis il cachait sa tête dans ses mains !

HAYDÉE.

Tu n'as parlé de cela à personne ?

DOMENICO.

A personne !.. qu'à vous, Haydée.

HAYDÉE.

A moi qui lui dois tout... et qui lui suis dévouée.

DOMENICO.

Je le sais ! je le sais ! il y a trois mois quand on l'a rapporté ici, à Zara, couvert de blessures et presque mort... il n'en serait pas revenu sans vos soins.

HAYDÉE, *l'interrompant.*

C'est bien.

DOMENICO.

Tant qu'il est resté sans connaissance, vous ne l'avez quitté ni jour, ni nuit...

HAYDÉE, *de même.*

C'est bien !.. c'est bien !

DOMENICO, *vivement.*

Oui, vous avez raison, c'est bien ! aussi, depuis ce temps-là, quoique vous ne soyez qu'une pauvre Grecque, une esclave... moi, Domenico, qui ai l'honneur d'être matelot et citoyen de Venise, j'ai conçu pour vous une estime... laquelle m'a donné des idées... ou plutôt un projet dont je vous parlerai...

HAYDÉE.

A moi !

DOMENICO.

Pas ici !.. à Venise, quand nous y serons de retour, ce qui ne tardera pas, grâce au ciel !.. car j'ai tant d'envie de revoir les lagunes et ma gondole ! ah ! vous qui ne connaissez que l'île de Chypre votre patrie... si vous saviez quel bonheur d'habiter Venise.

HAYDÉE.

Je n'y tiens pas !

DOMENICO.

Laissez donc ! c'est si beau !

HAYDÉE.

Mais vos inquisiteurs, vos espions !...

DOMENICO.

C'est égal !... c'est Venise ! (*On entend du bruit dans le salon à gauche.*)

HAYDÉE.

Tais-toi, voici quelqu'un qui n'est pas de nos amis.

~~~~~~

SCENE IV.

Les précédents, MALIPIERI.

MALIPIERI, *avec humeur.*

Eh bien ! Domenico, tu n'entends pas ! des glaces, des sorbets.

DOMENICO, *sortant.*

Oui, des rafraîchissements pour calmer leur ardeur... j'y vais, monsieur le capitaine ! vous ne rentrez pas ?

MALIPIERI, *avec humeur.*

Non... (*A part.*) Décidément la fortune m'en veut aujourd'hui !... j'aurais mieux fait de ne pas m'asseoir à ce jeu maudit... deux mille sequins perdus... sur parole... il est vrai... dettes d'honneur payables seulement à Venise... mais c'est qu'à Venise il y en a d'autres... beaucoup d'autres qui m'attendent... et à moins de quelques moyens désespérés et victorieux... (*Apercevant Haydée.*) Ah ! mon ancienne esclave... ma part du butin... que, malgré moi, il m'a fallu céder à mon général.

HAYDÉE.

C'est-à-dire, vendre !...

MALIPIERI.

Dix mille sequins... vrai marché de dupe!.. d'abord un seul de tes regards vaut mieux que cela.

HAYDÉE.

Le capitaine est galant.

MALIPIERI.

Et puis, à ces diamants que tu portais et dont mes soldats s'étaient déjà emparés, j'ai toujours eu l'idée, malgré ton silence obstiné, que tu appartenais à quelque riche et puissante famille de Chypre, qui paierait un jour pour ta rançon quatre ou cinq fois cette somme !

HAYDÉE, *souriant.*

Tu crois ?

MALIPIERI.

Oh ! tu ne me diras pas ton secret... mais il en est un autre peut-être... que tu possèdes... celui de ton maître.

HAYDÉE.

Il en a donc un ?

MALIPIERI.

Que je tiens à connaître, par intérêt pour lui... et je me fais fort d'obtenir ta liberté... si tu me dis seulement...

ACTE I, SCENE V.

HAYDÉE.

Quoi donc !

MALIPIERI.

Ce que Lorédan te dit à toi... dans vos entretiens du soir !

HAYDÉE.

Ah ! très volontiers !

PREMIER COUPLET.

Il dit qu'à sa noble patrie,
Dont l'honneur lui fut confié,
Il aurait tout sacrifié !
Il dit que pour charmer la vie,
Le premier bien, c'est l'amitié !
Il dit que l'amour éphémère
Brille un instant et fuit hélas !...
    (A demi-voix.)
Et quoique discret d'ordinaire,
L'autre jour il m'a dit tout bas...
    Tout bas...
    (Malipieri redouble d'attention.)
A Venise, sachez vous taire,
    Oui, vous taire... vous taire...
    (Gaîment.)
C'est la ville aux joyeux ébats,
Chantez-y ? mais n'y parlez pas !
Chantez, amis, ne parlez pas !
    Tra, la, la, la, la.

MALIPIERI.

C'est très bien !... voilà ce qu'il t'a dit !... mais ce que tu sais de lui...

DEUXIÈME COUPLET.

HAYDÉE.

Je sais qu'avant tout il estime
La vertu, la gloire et l'honneur,
Et qu'il tend la main au malheur,
Je sais que, noble et magnanime,
Il méprise le délateur ;
Je sais qu'à la paix, à la guerre,
La prudence guide ses pas...
La preuve, c'est qu'avec mystère,
Hier soir, il m'a dit tout bas.
    Tout bas...
        (D'un air mystérieux.)
A Venise, sachez vous taire,
    Oui, vous taire... vous taire...
C'est la ville aux joyeux ébats,
Chantez-y, mais n'y parlez pas !
Chantez, amis, ne parlez pas !
    Tra, la, la, la, la, la.

SCÈNE V.

Les Précédents, ANDRÉA.

MALIPIERI, avec humeur.

Qui vient là ? que voulez-vous ?

ANDRÉA, près de la porte.

Parler au capitaine des bombardiers, le signor Malipieri... on m'a dit qu'il était ici.

MALIPIERI.

C'est moi... avancez.

ANDRÉA.

J'ai vingt ans, je suis Vénitien, je voudrais me battre sous l'étendard de Saint-Marc... je viens vous prier de m'enrôler.

MALIPIERI.

Impossible dans ma compagnie !... choisissez-en une autre.

ANDRÉA.

C'est celle-là que je voudrais.

MALIPIERI.

Et pourquoi ?

ANDRÉA.

Pour combattre sous les yeux de Lorédan Grimani, le premier homme de guerre de Venise.

MALIPIERI, brusquement.

Ma compagnie est au complet.

ANDRÉA.

Eh bien ! recevez-moi comme volontaire... et à la première place vacante...

MALIPIERI, de même.

Il n'y en aura pas.

ANDRÉA.

On ne sait donc pas se faire tuer dans votre compagnie ?

MALIPIERI, avec hauteur.

On y sait du moins châtier les insolents !

ANDRÉA.

Insolent !

HAYDÉE, se plaçant entre eux.

Messieurs !

ANDRÉA.

Voilà un mot qui pourrait avancer la vacance que je demande, et supprimer d'abord le capitaine.

MALIPIERI.

Qu'est-ce à dire ?

ANDRÉA.

Que je ne suis pas encore votre soldat, et j'ai le droit de vous demander compte de ce que vous venez de dire.

MALIPIERI.

Je ne dois de comptes à personne.

ANDRÉA.

C'est ce que nous verrons !

HAYDÉE, bas, à Andréa.

Vous vous perdez... Revenez vers la dixième heure, vous verrez l'amiral lui-même... je vous le promets.

ANDRÉA, de même.

Est-il possible ?

HAYDÉE, de même.

Si vous partez... à l'instant.

ANDRÉA, lui serrant la main.

Adieu ! (S'adressant à Malipieri.) Que je sois ou non de votre compagnie, j'espère, seigneur capitaine, que nous nous retrouverons ailleurs !

MALIPIERI.

Dans votre intérêt... je ne le désire pas.

ANDRÉA, sortant.

Ce qui veut dire que, dans le vôtre, vous le craignez.

MALIPIERI.

C'en est trop !

HAYDÉE, *le retenant.*

Messieurs ! Messieurs ! y pensez-vous ?... voici l'amiral. (*Sur un nouveau geste d'Haydée, Andréa sort par le fond.*)

SCÈNE VI.

LES PRÉCÉDENTS, LORÉDAN, *sortant de la porte à droite.*

LORÉDAN, *entrant lentement, et en rêvant.*

Oui, aujourd'hui même, avant notre départ, je veux, je dois assurer son sort.

MALIPIERI, *à part.*

Toujours préoccupé !

LORÉDAN, *s'approchant de la table à droite du spectateur, près du canapé, et apercevant Haydée.*

Haydée, veuillez dire à Domenico de me donner ce qu'il faut pour écrire ?

HAYDÉE, *regardant autour d'elle.*

Domenico n'est pas là, mais ce que vous demandez, maître, je l'apporterai moi-même ! (*Elle sort.*)

LORÉDAN *s'assied sur le canapé, appuie ses deux coudes sur la table et cache sa tête entre ses mains, puis levant les yeux, il aperçoit Malipieri qui l'examine avec curiosité.*

Que faites-vous là ? que voulez-vous ?

MALIPIERI.

Votre Excellence a-t-elle déjà oublié le rendez-vous qu'elle m'a donné ici, il y a une heure ?

LORÉDAN, *comme sortant d'un rêve et lui tendant la main avec douceur.*

Pardon !.. parlez ?

MALIPIERI.

Vous avez acquis gloire et richesse, Monseigneur, et moi, qui me bats sous vos ordres, moi, patricien, qui aurais droit au commandement d'un navire, j'attends encore avancement et fortune !

LORÉDAN, *froidement.*

C'est peut-être moins ma faute que la vôtre ! c'est à vous de faire naître les occasions !

MALIPIERI.

Il s'en présente une ; hier, au bal que donnait le gouverneur de Zara, j'ai aperçu... j'ai admiré une jeune fille que l'on dit votre pupille...

LORÉDAN, *avec émotion et se levant.*

Ah !.. Rafaëla Donato !.. Eh bien !

PREMIER COUPLET.

MALIPIERI.

A la voix séduisante,
Au regard virginal,
Par sa grâce touchante
Elle charmait ce bal.
Dans mon âme ravie
M'exprimant sans détours,
Le bonheur de ma vie
Est de l'aimer toujours !

LORÉDAN, *froidement.*

Et vos droits... vos titres !

DEUXIÈME COUPLET.

MALIPIERI.

J'ai perdu l'opulence,
Mais, noble par le sang,
J'ai déjà su, je pense,
Montrer quelque talent !
Que sur vous je m'appuie,
Je réponds du destin...
(*Montrant l'appartement de Rafaëla.*)
Le bonheur de ma vie
Est d'obtenir sa main !
Pardonnez mon audace !
Pardonnez un cœur bien épris
Qui réclame un tel prix !
Répondez-moi de grâce,
J'attends, amant discret,
Mon arrêt !

(*A la fin de ce dernier couplet, Haydée rentre portant du papier, des plumes, de la cire et une large écritoire en bronze doré, qu'elle pose sur la table à droite, où brûle déjà une lampe.*)

LORÉDAN, *à Malipieri.*

Je vous remercie, seigneur Malipieri, de l'honneur que vous daignez faire à Rafaëla, ma pupille, et à moi ; mais j'ai sur elle d'autres vues !

MALIPIERI.

Lesquelles ?

LORÉDAN.

Vous les connaîtrez à mon retour à Venise, et vous savez que cela ne tardera pas. Nous mettrons demain à la voile ; occupez-vous du départ ! La flotte turque veut, dit-on, ce que je ne puis croire, nous fermer le passage et nous empêcher de rentrer à Venise... cela me regarde... vous viendrez, avant de vous retirer, prendre mes ordres... pour demain !.. je ne vous retiens plus. (*Malipieri s'incline et sort par la porte à gauche.*)

SCÈNE VII.

LORÉDAN, *se jetant dans un fauteuil, à gauche;* HAYDÉE.

HAYDÉE, *s'approchant doucement de Lorédan qui est assis.*

Ah ! que vous avez bien fait de le refuser, maître, il n'a jamais aimé votre pupille.

LORÉDAN, *souriant.*

En vérité !

HAYDÉE, *à demi-voix.*

Bien plus encore, c'est votre ennemi mortel. Envieux de vos succès, il ne rêve que votre perte, et j'ai idée qu'il n'a été placé auprès de vous par le doge et le conseil des Dix, que pour espionner toutes vos actions !

LORÉDAN, *souriant.*

Tu le crois !

HAYDÉE.

Oui, maître.

LORÉDAN, *de même.*

Et moi, j'en suis sûr! (*Se levant.*) Il en fut toujours ainsi dans notre sérénissime république, elle ne vit que par la défiance. Mais bientôt j'irai moi-même rendre mes comptes au doge et au sénat.

HAYDÉE, *avec émotion.*

Oui, je l'ai bien entendu. C'est demain que vous partez!

LORÉDAN.

Avec Rafaëla, ma pupille, que j'emmène et que tu accompagneras!

HAYDÉE, *tressaillant.*

Moi!

LORÉDAN.

A moins qu'à bord de notre vaisseau tu n'aies peur de la mer et des orages.

HAYDÉE.

Ce n'est pas là ce qui m'effraie.

LORÉDAN.

Serait-ce la flotte turque?

HAYDÉE.

Non, maître... car vous serez là!.. C'est à eux de craindre... et puis vous le savez... j'ai vu déjà des scènes plus terribles.

LORÉDAN.

Oui, pauvre jeune fille!... l'incendie... le pillage... le meurtre des tiens!

HAYDÉE.

Il y a d'autres dangers.

LORÉDAN.

Lesquels!

HAYDÉE, *troublée.*

Lesquels... maître... (*Vivement.*) Eh mais! la haine secrète de ce Malipieri... qui vous menace... vous et la signora peut-être!

LORÉDAN.

Heureusement, elle aura d'ici à quelques jours un protecteur, un mari.

HAYDÉE.

Ah! vous lui en destinez un?

LORÉDAN.

Oui!...

HAYDÉE.

Et c'est?...

LORÉDAN.

Moi!...

HAYDÉE, *à part, avec émotion.*

Lui!... Mon Dieu!

LORÉDAN, *froidement et sans la regarder.*

Oui, moi.

HAYDÉE.

Ah! je comprends... vous l'aimez!

LORÉDAN, *secouant la tête.*

Non! et si j'eusse été mon maître, ce n'est pas là peut-être ce que j'eusse rêvé.

HAYDÉE, *avec émotion.*

Et pourquoi donc alors... pourquoi?...

LORÉDAN, *brusquement.*

Il le faut... je le dois, je l'ai juré!

HAYDÉE.

A qui donc?

LORÉDAN.

A quelqu'un qui me voit... qui m'entend...

HAYDÉE.

Comment cela?

LORÉDAN, *sévèrement.*

Si tu m'es dévouée... pas un mot de plus sur ce sujet.

HAYDÉE.

Oui, maître. (*Timidement.*) Et Rafaëla, votre pupille, est disposée... à ce mariage?

LORÉDAN, *comme sortant d'un rêve.*

Ah! tu as raison... Je ne lui en avais pas encore parlé... La voici!

SCÈNE VIII.

LES PRÉCÉDENTS, RAFAELA, *sortant de l'appartement, à droite.*

LORÉDAN, *allant au-devant d'elle.*
Mes jours voués à la tristesse
N'ont eu de charme que par toi,
Et mon seul bien, c'est ta tendresse!...
Ce bien, est-il toujours à moi,
  Ah! réponds-moi!
Ce bien est-il toujours à moi?...
Moi, protecteur de ton jeune âge,
Quand j'ose aspirer à ta foi,
Le sort que je t'offre en partage
Peut-il être accepté par toi?
  Ah! réponds-moi?
Ce sort est-il un bien pour toi?

RAFAELA.
Par vous s'embellit mon enfance,
Tout mon bonheur, je vous le doi
Et pour vous ma reconnaissance
Ne peut s'éteindre qu'avec moi!
  Oui, croyez-moi,
Ne peut s'éteindre qu'avec moi!

SCÈNE IX.

LES PRÉCÉDENTS, ANDRÉA, *paraissant à la porte du fond.*

ANDRÉA.
Pour mériter sa main, ce seul espoir me reste,
Je l'essaierai du moins!..

RAFAELA, *à part, l'apercevant.*
    Ah! qu'ai-je vu?
C'est lui!...

HAYDÉE, *à Rafaëla.*
Qu'avez-vous donc?

RAFAELA.
        Moi!... rien! je te l'atteste.

HAYDÉE, *l'observant.*
Ah! sa voix est troublée
        (*Regardant Andréa.*)
        Et son cœur est ému.
    (*A part*)
Allons! peut-être encore, tout n'est-il pas perdu!

ENSEMBLE.

HAYDÉE, *bas à Andréa.*

Espoir et courage,
J'en ai le présage,
Vainement l'orage
Redouble d'effort !
Marin intrépide
Que rien n'intimide,
Quand l'amour nous guide
On arrive au port !

ANDRÉA.

Espoir et courage,
J'en ai le présage,
Vainement l'orage
Redouble d'effort !
Marin intrépide
Rien ne m'intimide,
L'amour qui me guide
Me conduit au port !

LORÉDAN.

Espoir et courage,
Tout me le présage,
Trop longtemps l'orage
A troublé mon sort.
Son cœur moins timide
Pour moi se décide ;
L'amour qui me guide
Me conduit au port !

RAFAELA.

Ah ! je perds courage,
Et tout me présage
Un terrible orage.
Mon cœur bat bien fort,
Oui, tout m'intimide,
Que le ciel décide,
Que Dieu qui nous guide
Veille sur mon sert !

ANDRÉA, *bas à Haydée au fond du théâtre.*
A l'heure où tu l'as dit j'arrive !...

HAYDÉE, *à voix basse.*
　　　　　　　　Du silence !
(*Haut à Lorédan.*)
Un soldat, Monseigneur, vous demande audience.

LORÉDAN, *sans se retourner.*
Que veut-il ?

HAYDÉE.
Ce qu'il veut !
(*Poussant Andréa en avant.*)
　　　　　　　Va... parle !

ANDRÉA.

PREMIER COUPLET.

Ainsi que vous (*bis.*)
Je veux me battre et braver la mitraille...
Et sur l'Océan en courroux,
Gagner mon grade en un jour de bataille...
　　Ainsi que vous,
Mon général, ainsi que vous !

DEUXIÈME COUPLET.

Ainsi que vous (*bis.*)
A la fortune, à la gloire j'aspire,
De moi, je veux qu'on soit jaloux,
Et que Venise, et me craigne et m'admire,
　　Ainsi que vous,
Mon général, ainsi que vous !

LORÉDAN, *le regardant avec attention.*
Sur quel vaisseau veux-tu combattre ?

ANDRÉA.
　　　　　　　　Sur le vôtre !

LORÉDAN.
J'y consens !... et ton nom ?...

ANDRÉA.
　　　　　　　　Andréa !

LORÉDAN.
　　　　　　　Quoi ! pas d'autre ?

ANDRÉA.
Je viens pour m'en faire un !

LORÉDAN, *avec satisfaction.*
　　　　　　　C'est bien !.. Contre mon gré
Je ne puis disposer d'aucun grade !

ANDRÉA.
　　　　　　　　Qu'importe ?
Donnez-moi seulement, la paie est assez forte,
Le premier bâtiment qu'à la mer je prendrai.

LORÉDAN.
C'est dit !... A demain !

ANDRÉA.
　　　　　　　A demain !

ENSEMBLE.

HAYDÉE.
Espoir et courage,
J'en ai le présage,
Vainement l'orage
Redoublait d'effort.
Marin intrépide,
Rien ne l'intimide,
L'amour qui le guide
Le conduise au port !

ANDRÉA.
Espoir et courage,
J'en ai le présage,
Vainement l'orage
Doublerait d'effort.
Marin intrépide,
Rien ne m'intimide,
L'amour qui me guide
Me conduit au port !

LORÉDAN, *regardant Rafaëla.*
Espoir et courage,
Tout me le présage,
Trop longtemps l'orage
A troublé mon sort.
Son cœur moins timide
Pour moi se décide,
L'amour qui me guide
Me conduit au port !

RAFAELA.
Je reprends courage,
Quoique tout présage
Un terrible orage
Dont je tremble fort,

Oui, tout m'intimide,
Que le ciel décide;
Que Dieu qui nous guide
Veille sur son sort!

(*Andréa sort par la porte du fond.*)

SCÈNE X.

HAYDÉE, LORÉDAN, RAFAELA.

LORÉDAN, *faisant signe de la main à Andréa qui sort.*

A demain, mon brave! à demain!... au point du jour! (*Il s'assied sur le canapé à droite près de la table et se met à écrire.*) Ce jeune Andréa est un noble cœur qui mérite d'arriver!

HAYDÉE, *debout, au milieu du théâtre.*

Et qui arrivera, car il veut se distinguer ou mourir.

RAFAELA, *qui avait remonté le théâtre et suivi Andréa des yeux, redescend près de Haydée.*

Tu crois!

HAYDÉE.

J'en suis sûre, et je ne serais pas étonnée qu'il eût dans le cœur quelque grande passion.

RAFAELA, *avec embarras.*

Celle de la gloire!

HAYDÉE, *à part, regardant Rafaëla.*

Et une autre encore, peut-être!

(*Rafaëla s'assied à gauche des spectateurs, Haydée est debout près d'elle.*)

LORÉDAN, *près de la table à droite, écrivant avec agitation.*

Oui, demain sans doute un nouveau combat, et si je rencontre enfin... ce que je cherche depuis si longtemps...

HAYDÉE, *bas à Rafaëla.*

Voyez donc comme il a l'air ému!

RAFAELA, *de même.*

Comme il écrit avec agitation!...

(*Lorédan met sous enveloppe la lettre qu'il vient d'écrire, fait fondre de la cire au flambeau qui est sur la table; il sonne, Domenico sort de la porte à gauche.*)

SCÈNE XI.

LES PRÉCÉDENTS, DOMENICO.

LORÉDAN, *achevant de cacheter sa lettre et s'adressant à Domenico.*

Eh bien! nos convives?

DOMENICO.

Ils sont capables de rester là toute la nuit! une fois qu'ils sont à boire et à jouer...

LORÉDAN, *brusquement.*

A jouer!... Dis-leur que demain nous partons... et qu'il est temps de se livrer au repos...

DOMENICO.

J'y vais... mais vous!... Monseigneur...

LORÉDAN, *mettant dans sa poche la lettre qu'il vient d'écrire et de cacheter.*

Moi!... Dieu veuille!... je ne le puis! tant de pensées... tant de souvenirs m'assaillent à la fois... donne-moi mon chibouque?

DOMENICO, *lui présentant une longue pipe turque.*

Voici. (*Bas à Haydée.*) Vous voyez bien que sa tête est en feu!... Pour le calmer, dites-lui quelques-uns de ces airs qui lui font tant de bien! (*Bas à Rafaëla.*) Vous savez, des airs du pays... des airs de Venise! (*Il va prendre sur la table à gauche une mandoline qu'il remet à Haydée. Lorédan est à demi-couché sur le canapé à droite, près de la table, et tout en fumant il paraît absorbé dans ses réflexions. Aux premiers accents de la mandoline, il tressaille et se retourne vers Haydée.*)

LORÉDAN, *lui tendant la main avec reconnaissance.*

Merci, Haydée!... j'allais te le demander.

DOMENICO, *à part, en s'en allant.*

Je savais bien que cela lui ferait plaisir!... je vais congédier nos officiers. (*Il sort par la porte à gauche.*)

SCÈNE XII.

LES PRÉCÉDENTS, excepté DOMENICO.

BARCAROLLE A DEUX VOIX.

HAYDÉE, *tenant une mandoline, et Rafaëla.*

C'est la fête au Lido,
C'est la fête en bateau,
Dont Venise raffole!
Glissez donc, ma gondole,
Glissez vite sur l'eau...
C'est la fête au Lido.

Afin d'avoir jupe élégante
Et des perles de Murrano,
Au Rialto j'ai mis en vente
Jusqu'à mon anneau d'or... l'anneau
Que m'avait donné Zanetto!

Mais, mais...

C'est la fête au Lido,
C'est la fête en bateau,
Dont Venise raffole!
Glissez donc, ma gondole,
Glissez vite sur l'eau...
C'est la fête au Lido.

(*En ce moment, Lorédan, qui jusque là avait continué à fumer, laisse tomber son chibouque, et, la tête appuyée sur sa main, écoute Haydée et Rafaëla qui continuent leur barcarolle.*)

Un jeune et beau seigneur, bien tendre,
A l'œil noir, aux propos galants,
Voulait me forcer de l'entendre...
Non, seigneur, je n'ai pas le temps!...

C'est la fête au Lido,
C'est la fête en bateau,
Dont Venise raffole!
Glissez donc, ma gondole,

Glissez vite sur l'eau...
C'est la fête au Lido.
(*L'air, qui jusque-là avait été vif et rapide, se ralentit en ce moment.*)
Glissez, glissez, ma gondole!..
Glissez, glissez sur l'eau.
Ah! ah! ah! ah! ah! ah!

RAFAELA ET HAYDÉE, *s'arrêtant et regardant Lorédan.*

Le sommeil un instant a fermé ses paupières!
Gardons-nous!.. gardons-nous de troubler un repos
Qui le console de ses maux!
Gardons-nous!.. gardons-nous de troubler son repos!
(*Elles se retirent toutes les deux sur la pointe du pied dans l'appartement à droite.*)

SCÈNE XIII.

LORÉDAN, *dormant sur le canapé*, MALIPIERI, *entrant par la porte à gauche.*

FINAL.

MALIPIERI.
Me voici, général!... A vos ordres sévères
J'accours!...
(*S'arrêtant.*)
Il dort!
(*Il le contemple quelques instants en silence sur la ritournelle de l'air suivant.*)

Air.

A toi seul la puissance,
Et la gloire et l'honneur!
Moi, je n'ai qu'une chance :
Je te hais!... je te hais!... c'est là mon seul bonheur!
Ta fortune,
Qui m'importune,
Longtemps m'humilia!
Mais patience,
Ma vengeance
Quelque jour t'atteindra!...
Jusque-là...
A toi seul la puissance,
Et la gloire et l'honneur!
Moi, je n'ai qu'une chance :
Je te hais!... je te hais!... c'est là mon seul bonheur!

LORÉDAN, *qui était étendu sur le canapé, se lève sur son séant pendant la reprise de l'air précédent; il prête l'oreille et semble écouter un air vif et animé.*

MALIPIERI.
Il s'éveille!...
(*Il s'avance vers lui et s'arrête étonné.*)
Non pas!

LORÉDAN.
Air :
Ah! que Venise est belle!
Et quels accents joyeux,
Mon palais étincelle
Ce soir de mille feux!
Ici, loin des profanes,
Amis, versez toujours!
Je bois à vos sultanes,

Je bois à mes amours!

MALIPIERI, *l'examinant avec étonnement.*
O délire !... ô prodige !... il dort!

LORÉDAN, *assis devant la table et continuant son rêve.*
Voici des dés... voici de l'or !...
(*Il a l'air d'agiter des dés dans un cornet et de les rouler sur la table.*)
J'ai perdu!... par ma foi, qu'importe!
Faut-il une somme plus forte?...
Jouons, amis?... jouons encor?
Ah! que Venise est belle!
Et quels accents joyeux!
Mon palais étincelle
Ce soir de mille feux!
Ici, loin des profanes,
Amis, versez toujours?
Je bois à vos sultanes,
Je bois à mes amours!

(*L'orchestre, qui jusque-là avait été vif et joyeux, exprime tout à coup une musique sombre et agitée.*)

MALIPIERI, *regardant Lorédan.*
Quel changement, ô ciel!... sur son visage!
Ses doigts crispés se contractent de rage!

LORÉDAN, *toujours assis sur le canapé devant la table, pendant que Malipieri qui est de l'autre côté de la table suit tous ses mouvements avec curiosité.*
Quoi! perdre encor!.. perdre toujours!..
(*Frappant du poing avec colère sur la table.*)
Eh bien donc, mon palais!.. oui, tout ce qui me reste!
Sur un seul coup... un seul!.. Destin funeste
Tu ne m'abattras pas!.. Satan! à mon secours!..
J'entends rouler les dés... et je sens mon cœur battre.
Allons!.. et si je perds... la honte... le trépas !
(*Il semble attendre avec anxiété les dés que son adversaire va rouler sur la table. Regardant.*)
Ah! pour lui... six et trois ..
(*Il a l'air de prendre les dés, de les agiter, et dit à part lui avec joie et espoir.*)
Il faudrait... six et quatre!..
(*Il roule les dés sur la table et dit à voix basse avec effroi.*)
Je perds!..
(*Regardant son adversaire, il s'écrie vivement.*)
O ciel!.. il ne regarde pas!..
Il est à ramasser son or...
(*Par un geste rapide il a l'air de retourner avec la main un des dés qu'il vient de rouler et s'écrie d'un air contraint.*)
Ah! six et quatre!

MALIPIERI, *qui l'examine avec attention.*
Quel mystère!

LORÉDAN, *d'une voix tremblante.*
Oui... je gagne!..
(*A part et essuyant la sueur qui coule de son front.*)
O honte!.. j'ai gagné!..
Et la fortune change!.. et lui... l'infortuné...
... à son tour!.. toujours!.. toujours!..
(*Écoutant avec impatience.*)
Quels chants de joie!
(*Se levant et venant au bord du théâtre.*)
Lorédan est vainqueur!.. disent-ils... taisez-vous?
(*A demi-voix.*)
Lorédan est un lâche, un infâme!.. en proie
Aux tourments... et pourtant voilà qu'ils chantent tous!

ACTE II, SCÈNE II.

Ah! que la nuit est belle,
Et quels accents joyeux!
Le palais étincelle
Ce soir de mille feux!
(*S'interrompant et criant.*)
Taisez-vous! taisez-vous!..
(*Se promenant avec agitation.*)
                    Supplice sans pareil!
Pour moi plus de bonheur! pour moi plus de sommeil!
Mes torts, du moins, je veux, quoi qu'il m'en coûte,
Je veux les réparer!
(*Comme s'il parlait à quelqu'un.*)
            Écoute bien! écoute!
A toi, Rafaëla, la moitié de mes biens...
Et pour l'autre moitié... jure de la remettre
Au fils de Donato... s'il existe encor... tiens!
(*Tirant de son sein la lettre cachetée qu'il vient d'écrire.*)
Tiens! tu lui donneras... sans l'ouvrir... cette lettre,
        Pour lui seul...

MALIPIERI, *poussant un cri et saisissant la lettre.*
    Ah!... (*Il s'approche de la table à droite, et lit à la lueur de la lampe, pendant que Lorédan est resté immobile et debout au bord du théâtre; lisant l'adresse.*) « Au fils de Donato l'avogador, pour lui seul!... » (*Ouvrant la lettre qu'il parcourt à la hâte.*) « Un soir... dans l'ivresse du vin
» et du jeu... votre père contre qui j'avais risqué
» ma fortune sur un coup de dé... votre père a été
» trompé et ruiné par moi!... » (*Il achève de lire la lettre à voix basse. Pendant ce temps, Lorédan, dont le visage est redevenu calme et serein, reprend gaiement le premier motif.*)

ENSEMBLE.

LORÉDAN.

Ah! que Venise est belle,
Et quels accents joyeux!
Le palais étincelle
Ce soir de mille feux!
Loin de nous les profanes,
Amis, versez toujours,
Je bois à vos sultanes,
Je bois à vos amours!
(*Lorédan retombe endormi sur le canapé.*)

MALIPIERI, *tenant la lettre.*

Heureuse découverte
Qui change nos destins!
Son salut ou sa perte
Sont donc entre mes mains.
Je tiens en ma puissance
Sa gloire et son honneur,
L'espoir de la vengeance
Est déjà le bonheur!..
(*Malipieri sort par la porte du fond.*)

FIN DU PREMIER ACTE.

ACTE DEUXIÈME.

Le théâtre représente le pont du vaisseau amiral vénitien. Le pavillon de Saint-Marc flotte sur le grand mât. Au fond la mer et quelques vaisseaux turcs qui fuient à l'horizon. Les voiles du vaisseau amiral sont carguées. A droite, quelques blessés qu'on est occupé à panser. Sur le pont, des armes, des haches d'abordage, des débris annonçant un combat qui vient de finir. Les soldats sur le pont, les matelots et les mousses suspendus aux cordages, élèvent en l'air leurs armes ou leurs bonnets.

SCENE PREMIÈRE.

CŒUR DE SOLDATS ET DE MATELOTS.

Victoire! victoire! victoire!
Aux enfants de Saint-Marc!
D'une nouvelle gloire
Brille leur étendard!

DOMENICO, *étendant la main à l'horizon.*

Ils espéraient que de Venise
Ils nous fermeraient le chemin,
Leur flotte est dispersée ou prise,
A nous la gloire!...
(*Montrant des barils de rhum, et des ballots qu'on apporte.*)
            Et le butin!

CHŒUR.

Victoire! victoire! victoire!
Aux enfants de Saint-Marc.
D'une nouvelle gloire
Brille leur étendard!

SCÈNE II.

LES PRÉCÉDENTS, LORÉDAN, MALIPIERI, ET PLUSIEURS OFFICIERS

LORÉDAN, *la hache à la main et encore dans la chaleur du combat.*
            AIR :
Vive la mitraille!
Bravons sa fureur!
Un jour de bataille
Est jour de bonheur!
L'éclair et la foudre
Troublent la raison;
Oui, vive la poudre!
Vive le canon!
(*A part, et sur un mouvement plus lent.*)
En guidant leur vaillance,
J'ai cru trouver la mort;
Mais pour moi, plus de chance!
Oui... oui... j'existe encor!...
C'en est fait, la victoire
Dont s'enivre leur cœur
M'a rendu la mémoire,

Hélas ! et mon malheur !

DOMENICO, *qui est monté au grand mât.*
Un vaisseau turc résiste encor !...

LORÉDAN, *vivement.*
Tant mieux.

(*Brandissant sa hache.*)
Vive la mitraille !
Bravons sa fureur !
Un jour de bataille
Est jour de bonheur !
L'éclair et la foudre
Troublent la raison ;
Oui, vive la poudre !
Vive le canon !

DOMENICO, *regardant toujours du haut du mât.*
Non !... non !...
Il amène son pavillon.
Le vaisseau turc est pris !

LORÉDAN, *avec tristesse et laissant tomber sa hache.*
Tant pis !

CHŒUR
Victoire ! victoire ! victoire !
Aux enfants de Saint-Marc.
D'une nouvelle gloire
Brille leur étendard.

(*Lorédan, plongé dans ses réflexions, remonte le théâtre et disparaît vers la gauche. Pendant ce temps, les matelots qui sont à droite se disputent un baril de rhum que l'on vient d'apporter.*)

CHŒUR, *vif et animé.*
C'est à moi !... c'est mon bien,
Non, morbleu !.. c'est le mien !
Du butin, c'est ma part,
Eh bien donc... par Saint-Marc !
Que ce fer... ce poignard
Soit l'arbitre entre nous !

DOMENICO, *qui est descendu du grand mât, se jetant entre eux.*
Allons, amis, êtes-vous fous ?
Au lieu de vous battre entre vous,
Jouez gaiement à qui boira
Le baril de rhum que voilà !

CHŒUR DES MATELOTS.
Il a raison !... jouons, jouons!
C'est dit ! et bientôt nous verrons...

(*L'un d'eux a tiré des dés de sa poche et les roule sur le baril pendant que Domenico et les autres matelots font cercle autour des joueurs.*)

LORÉDAN, *les apercevant et courant à eux avec colère.*
Jouer ! jouer !... plutôt vous battre !

(*Posant son pied sur le baril.*)
Je le défends !... et je ne le veux point !

MALIPIERI, *qui s'est avancé, s'adressant au matelot qui jouait.*
C'est fâcheux, car pour toi, c'était un fort beau point.

LE MATELOT.
En vérité !...

MALIPIERI, *froidement.*
Mais oui !... j'ai cru voir six... et quatre.
(*A ce mot Lorédan tressaille.*)

ENSEMBLE.

LORÉDAN.
O rencontre imprévue !
Involontaire affront !
Souvenir qui me tue !...
Et fait rougir mon front !

MALIPIERI, *avec joie.*
Ah ! son âme éperdue
A senti cet affront !
Il détourne la vue.
Je vois rougir son front.

DOMENICO ET LES MATELOTS.
O fureur imprévue !
Cessons ce jeu ! cessons !
Et, tremblants à sa vue,
Amis, obéissons !

(*L'ensemble finit en decrescendo.*)

SCÈNE III.

LES PRÉCÉDENTS, RAFAELA et HAYDÉE.

(*Elles paraissent toutes deux, à gauche, au haut de l'escalier qui conduit des étages inférieurs au pont du vaisseau.*)

HAYDÉE.
Oui, Signora... je n'entends plus de bruit, il n'y a plus de danger... venez ?

RAFAELA.
A la bonne heure ! je ne pouvais plus y tenir... de crainte et de... (*Regardant autour d'elle.*) Le combat est donc fini ?

HAYDÉE, *apercevant Domenico.*
Lorédan ?... ou est-il ? (*Domenico lui montre Lorédan triste et la tête baissée.*) Ah ! vous voilà, maître ! (*Le regardant avec intérêt.*) il ne vous est rien arrivé ?...

LORÉDAN.
Non ! non !

RAFAELA.
Grâce au ciel !

LORÉDAN, *aux deux jeunes filles.*
Merci, merci, mes jeunes amies, mais au fond de ce vaisseau et pendant le combat vous avez eu bien peur ?

HAYDÉE ET RAFAELA.
Oui ! pour vous !

DOMENICO.
Et il y avait de quoi ! on n'a jamais vu s'exposer ainsi ! vous étiez partout.

LORÉDAN.
Toi aussi ! car je t'y ai rencontré.

DOMENICO.
Pardi !... je vous suivais ! aussi une belle victoire, je m'en vante !

MALIPIERI, *s'avançant.*
Onze vaisseaux turcs que nous ramenons à Venise...

LORÉDAN.
Ah ! c'est vous, seigneur Malipieri, je vous ai

ACTE I, SCÈNE III.

cherché des yeux dans le combat, et je vous ai rarement aperçu.

MALIPIERI.
J'observais l'ennemi.

DOMENICO.
Sa seigneurie observe beaucoup.

HAYDÉE *à Rafaëla qui regarde autour d'elle avec inquiétude.*
Et vous aussi... Signorina... (*A Lorédan.*) Mais je ne vois pas mon protégé...

RAFAELA, *avec embarras.*
Oui... celui que tu avais recommandé...

LORÉDAN.
Tu avais raison de m'en répondre... il s'est battu comme un lion !... pendant longtemps, il s'est tenu à mes côtés... mais vers la fin du combat, je ne l'ai plus vu.

MALIPIERI, *froidement.*
Il est probable qu'il aura été tué !

RAFAELA.
O ciel !...

HAYDÉE, *à voix basse et lui serrant la main.*
Taisez-vous donc ?

LORÉDAN, *à Malipieri.*
Non !... il n'est, grâce au ciel, ni parmi les morts... ni parmi les blessés... je m'en suis déjà informé... mais il a disparu...

DOMENICO.
C'est lui que j'aurai vu se jeter dans une chaloupe avec une dizaine de bombardiers, des Dalmates qu'il emmenait.

MALIPIERI.
Des soldats de ma compagnie...

DOMENICO, *à Lorédan.*
Ils étaient là les bras croisés... ça les ennuyait, ces braves gens !

MALIPIERI.
Et je demanderai comment malgré mon ordre et mon exemple...

DOMENICO.
Ils ont été s'exposer...

LORÉDAN, *à Domenico.*
Silence !... nous le saurons !... (*Aux soldats.*) Vous vous êtes bien battus, mes amis, votre devoir est fini... (*A Domenico et aux matelots, leur frappant sur l'épaule.*) J'ai défendu de jouer... mais je n'ai pas défendu aux vainqueurs de chanter et de boire !...

DOMENICO, *avec une explosion de joie.*
Vivat !

LORÉDAN, *souriant.*
Avec la modération qu'on doit toujours garder... même dans la victoire !... (*A Haydée et à Rafaëla qui font quelques pas pour le suivre.*) Restez ! vous serez mieux ici, sur le pont... au grand air. (*A plusieurs officiers.*) Vous, Messieurs, suivez-moi ! (*Il descend par l'escalier du fond, dans le second pont, suivi de tous ses officiers.*)

DOMENICO, *sur le bord du théâtre, à droite et à part.*
Oh bien ! puisque l'amiral le permet, je vais chercher le baril de rhum pour renouer connaissance avec lui. (*Il descend par l'escalier du fond.*)

SCÈNE IV.

MATELOTS *au fond du théâtre, assis ou couchés, d'autres occupés à différents travaux ;* RAFAELA *s'est avancée rêveuse au bord du théâtre ;* HAYDÉE.

HAYDÉE, *s'approchant de Rafaëla et à demi-voix.*
Si pensive et si triste en un jour de victoire !

RAFAELA, *vivement et sortant de sa rêverie.*
Moi !..

HAYDÉE, *souriant.*
Et l'intérêt que vous portez à mon jeune protégé qui me semble aussi le vôtre ! (*Geste de Rafaëla.*) Ah !.. il faut tout me dire, ou pour ma part, je lui retire ma protection ! Et d'abord comment vous connaissez-vous ?

RAFAELA.
Air :
Unis par la naissance,
La famille et l'amitié,
Dans mes rêves d'enfance
Il était de moitié !
Et puis... vint le malheur qui sépara nos jours,
Et je ne le vis plus... mais j'y pensais toujours !

CAVATINE.
Ah ! que ses accents
Me semblaient touchants
Quand il s'éloignait
Et qu'il me disait :
L'honneur me réclame,
Je pars, je suis sa loi !
Mais mon âme
Restera près de toi !
Il est parti, pour un devoir sacré,
Jurant qu'il reviendrait glorieux, honoré !
Ah ! que ses accents
Me semblaient touchants,
Etc., etc.

HAYDÉE.
Silence !.. des matelots qui s'approchent ! (*Elles s'éloignent toutes deux et remontent le théâtre à gauche en causant à voix basse.*)

SCÈNE V.

MATELOTS, DOMENICO, *venant du fond, à droite, et roulant un baril de rhum.*

Ohé !.. ohé !.. venez donc m'aider, vous autres ! voilà le baril de rhum remonté sur l'eau ! Allons, enfants, part à nous tous ! L'amiral l'a permis ; buvons et chantons !

TOUS.

Oui, chantons!

PREMIER MARIN.

A toi, Domenico, une chanson de Matelot!

DOMENICO.

Je ne demanderais pas mieux! mais les brises de la mer ont fait tort à ma voix, et mes belles notes sont à la dérive. (*Apercevant Rafaëla qui vient de descendre par l'escalier du milieu et Haydée qui s'apprête à la suivre.*) Mais si Haydée voulait me remplacer, je crois qu'ici personne ne s'en plaindrait. (*Bas à Haydée qui s'avance.*) La chanson de la brise... Vous savez bien... la corvette qui attend la brise!... Voilà une chanson de matelot!

HAYDÉE.

Comment donc, seigneur Domenico, pour vous et pour ces Messieurs...

TOUS.

Ah! brava!

HAYDÉE.

PREMIER COUPLET.

C'est la corvette,
Qui, leste et coquette,
Prête à partir,
Semble tressaillir!
Sa voile blanche
S'agite et se penche
En plis flottants
Appelant les autans.
Qui donc l'enchaîne encore sur la rive?
C'est qu'elle attend la brise tardive.....
La brise arrive?...
Et la nef captive,
Comme un oiseau,
Vole et fuit sur l'eau.

DEUXIÈME COUPLET.

Elle s'élance
Sur la mer immense,
Dont les flots bleus
Vont mirant les cieux.
Non, plus d'orages.
Du haut des cordages,
Narguez les flots,
Bons matelots!
Que la gaieté soit votre devise!
Voici le ciel qui vous favorise,
Voici la brise
Qui pour vous, soumise
Guide sur l'eau
Votre heureux vaisseau!

DOMENICO, *qui a remonté la scène vers le milieu du second couplet d'Haydée, regarde du côté de la mer et s'écrie.*

Qu'est-ce que je vois là?.. Aux cordages, à la manœuvre!.. un vaisseau ennemi!.. un vaisseau turc s'avance!!! (*Mouvement général.*) Non, non, c'est la brise qui le pousse vers nous, car il est démâté!... Eh mais... je ne me trompe pas! j'aperçois sur le pont celui que l'on disait mort, le jeune Andréa, qui tient à la main le pavillon de Saint-Marc! Qu'est-ce que ce peut-être?

TOUS.

Courons? (*Ils s'élancent vers la gauche et disparaissent du côté par lequel le vaisseau ennemi est censé arriver.*)

SCÈNE VI.

RAFAËLA, HAYDÉE.

RAFAELA, *à part, avec émotion.*

Andréa! est-il possible! (*Regardant les matelots qui s'éloignent.*) Et ne pouvoir, comme eux, courir auprès de lui!.. Ah! n'importe. (*Elle fait quelques pas.*)

HAYDÉE, *qui a remonté le théâtre, le redescend en ce moment et arrête Rafaëla.*

Calmez-vous, signora, ne vous l'avais-je pas prédit? Il revient, j'en étais sûre! il revient vainqueur et digne de vous!

RAFAELA.

Mais Lorédan!..

HAYDÉE, *souriant.*

Qui sait? il y aura peut-être quelques moyens de le faire renoncer à vous?.. c'est difficile!.. Mais enfin...

RAFAELA, *avec joie.*

Que dis-tu?

HAYDÉE, *à voix basse.*

Oui... oui... il y a un secret qui vous concerne, vous et lui!.. Et ce secret, si je peux le découvrir!

SCÈNE VII.

LES PRÉCÉDENTS, DOMENICO *descendant du fond du vaisseau, à droite.*

DOMENICO, *à haute voix.*

Ah! celui-là est un brave... ou plutôt un enragé!

HAYDÉE ET RAFAELA.

Qui donc?

DOMENICO.

Le seigneur Andréa! avec ses dix bombardiers il s'est élancé sur le vaisseau turc....

HAYDÉE ET RAFAELA.

Eh bien!

DOMENICO.

Eh bien... enlevé à l'abordage c'est sa capture!

c'est son butin ! Et ce que vous ne croiriez jamais, on ose le lui disputer !

HAYDÉE.

Et qui donc ?

DOMENICO.

Ce damné capitaine Malipieri déclare que ce vaisseau est à lui et de bonne prise.

HAYDÉE.

Et de quel droit ?

DOMENICO.

Sous prétexte que les soldats qui ont accompagné Andréa étaient des bombardiers, des Dalmates de la compagnie Malipieri... donc, ce qu'ils ont gagné, appartient de droit à leur capitaine.

HAYDÉE, s'élançant vers la droite.

C'est ce que nous verrons... je cours parler à Lorédan, notre maître...

RAFAELA, vivement.

Oui... oui... vas-y.

DOMENICO.

Je ne vous le conseille pas !.. il est en ce moment de trop mauvaise humeur !

HAYDÉE.

Un jour de victoire !

DOMENICO.

Cela n'y fait rien ! il avait tout à l'heure un air agréable et encourageant, auquel j'ai cru pouvoir me fier... et je me suis hasardé à lui parler d'un projet que je médite pour mon retour à Venise !..

HAYDÉE.

Lequel ?

DOMENICO, avec embarras.

Il s'agissait.. d'une personne qu'il connaît et sur laquelle j'ai des idées... d'un brave et honnête marin... des idées de long cours !.. et je pensais que cela allait lui sourire comme à moi !.. ah ! bien oui !

HAYDÉE.

Enfin ! achève ?

DOMENICO.

Ses traits se sont contractés, il a pâli ; et ce que je ne comprends pas, il avait l'air de rire, en me disant : « C'est bien, mon garçon, très bien... dès « que cela vous plaît et vous convient... est-ce « que cela me regarde !.. pourquoi viens-tu me « parler de cela ?.. tu vois bien que je suis oc- « cupé !.. va-t'en ? va-t'en !.. » Et comme je n'ai pas l'habitude de le contrarier, j'ai cargué les voiles, en attendant que la bourrasque soit passée !.. et tenez, tenez, le voilà ! (Montrant le ciel qui dans le fond est chargé de nuages.) Il est sombre comme l'horizon dans ce moment ! ça n'a pas l'air de s'éclaircir... il y aura de l'orage... (Emmenant Rafaëla qu'il fait descendre par le premier escalier.) Venez, signora. (Lui-même descend quelques pas, se retourne et s'adresse à Haydée.) Est-ce que vous restez ?

HAYDÉE.

Oui !

DOMENICO.

Vous osez rester !!!

HAYDÉE.

Oui !

DOMENICO.

Vous êtes brave !.. moi, je m'en vas ! (Il descend l'escalier et disparaît.)

SCÈNE VIII.

HAYDÉE, LORÉDAN, entrant en rêvant.

HAYDÉE, le contemplant, à part.

C'est lui !.. il ne me voit pas ! (Moment de silence, elle s'approche de lui timidement.)

LORÉDAN, froidement.

Ah ! c'est vous, Haydée !

HAYDÉE.

Oui, maître, je venais vous demander...

LORÉDAN, brusquement.

C'est bien !.. je consens, je consens ! je l'ai déjà dit à Domenico. Vous êtes libre, vous l'auriez été plutôt, si j'avais pu deviner vos intentions.

HAYDÉE.

Lesquelles, Monseigneur ?

LORÉDAN.

La préférence... dont vous honorez Domenico le matelot, le gondolier !

HAYDÉE, froidement.

Je n'en accorde ni à lui... ni à personne ! Domenico s'est trompé !

LORÉDAN, vivement.

Est-il vrai ? (Avec joie.) Oui... en effet... ce n'était pas possible... j'en étais sûr, je me le disais... ce n'est pas lui !.. (S'arrêtant et avec doute.) Mais peut-être un autre choix...

HAYDÉE, froidement.

Aucun !.. pour choisir il faut être libre !

LORÉDAN.

Tu as raison ! pardonne-moi de ne pas avoir encore brisé tes fers ! plus d'une fois, je l'ai voulu... et je n'en ai eu ni la générosité, ni le courage !.. ta voix m'était douce, comme celle d'un ami, ta présence me consolait dans mes souffrances...

HAYDÉE.

En vérité !

LORÉDAN.

Et malgré cela, je le sens, j'aurais dû déjà te rendre ta liberté.

HAYDÉE, vivement.

Et moi je ne l'aurais pas acceptée ! (Lorédan fait un geste de surprise, et Haydée poursuit plus timidement.) Vous, à qui je dois tout, vous qui m'avez sauvé la vie et l'honneur ! ne m'avez-vous pas dit que vous étiez moins malheureux quand j'étais là... j'y resterai, mon maître, tant que vous souffrirez !

LORÉDAN, lui prenant vivement la main.

Reste alors !... reste encore !...

HAYDÉE.
Que dites-vous ?... parlez ? parlez, je vous en supplie ?

LORÉDAN, *revenant à lui.*
Moi !... je n'ai rien !... ce n'est pas moi dont il est question ! (*Vivement.*) Que voulais-tu ? que venais-tu me demander ?... je suis bien égoïste !... en t'écoutant, en te regardant... je t'avais oubliée !...

HAYDÉE.
Je voulais, Monseigneur, une grâce !...

LORÉDAN, *vivement.*
Quelle qu'elle soit, je te l'accorde !

HAYDÉE.
Ou plutôt justice pour Andréa !... Ce vaisseau dont vous l'aviez nommé commandant d'avance, et devant moi, ce vaisseau qu'il a conquis par son courage...

LORÉDAN.
Eh bien !...

HAYDÉE.
Malipieri veut le lui enlever je ne sais de quel droit.

LORÉDAN.
Ce ne sera pas !... je te le promets... je te le jure !

HAYDÉE.
Je suis tranquille maintenant, et cours lui annoncer cette bonne nouvelle !... (*Apercevant Malipieri qui entre.*) Le capitaine !... Ah ! cette fois... il sera arrivé trop tard. (*Elle descend par le premier escalier qui conduit au second pont.*)

SCÈNE IX.
LORÉDAN, MALIPIERI.

DUO.

LORÉDAN, *à Malipieri qui s'incline et le salue.*
Je sais le débat qui s'agite,
Votre projet est insensé !
D'après son œuvre et son mérite
On doit être récompensé !

MALIPIERI, *avec amertume.*
Et tel qui brille et que l'on cite,
Au dernier rang serait placé
Si d'après l'œuvre et le mérite
Chacun était récompensé !

LORÉDAN, *avec hauteur.*
Qu'est-ce ?.. et que prétendez-vous dire ?

MALIPIERI, *de même.*
Que ce jeune homme en vain aspire
A ce titre que seul j'aurai !

LORÉDAN, *de même.*
A l'instant et de mon plein gré
Je le lui donne !.. il est à lui !

MALIPIERI, *avec ironie.*
Peut-être !..

LORÉDAN, *étonné.*
Comment ?

MALIPIERI.
Peut-être, ici, n'êtes-vous pas seul maître !

LORÉDAN.
Eh ! qui donc le serait ?

MALIPIERI.
Celui, qui, je le croi,
Aurait votre secret !.. et celui-là... c'est moi !

ENSEMBLE.

LORÉDAN, *à part.*
En mon cœur, tout mon sang se glace
De terreur, je me sens troubler !
(*Reprenant courage.*)
Mais par une vaine menace,
Pourquoi me laisser accabler !

MALIPIERI, *à part, le regardant.*
A ce mot seul, l'effroi le glace !
D'ici, je le vois se troubler,
Du déshonneur qui le menace
La honte semble l'accabler !

LORÉDAN, *se rapprochant de Malipieri et cherchant à cacher son émotion.*
Ce secret, sur lequel tout votre espoir s'élève,
N'est rien qu'une chimère !

MALIPIERI, *avec ironie.*
Oui, vraiment... c'est un rêve !
Mais un rêve indiscret a révélé souvent,
Les crimes qu'autrefois on commit en veillant.
(*Rappelant le motif de l'air qui termine le premier acte.*)
D'ici je vois encor à Venise la belle
Ce palais enchanté, qui de feux étincelle !
Je vois briller de l'or !.. j'entends rouler des dés...

LORÉDAN, *à part et frissonnant.*
Grand Dieu !

MALIPIERI, *continuant de même.*
Sur cette table, avec moi, regardez
Ce dernier coup...

LORÉDAN, *à part, de même.*
O ciel !

MALIPIERI.
D'où dépend la partie,
D'où dépendront bientôt et l'honneur et la vie !
Un noble de Venise a perdu... je le voi !
Non, non... je me trompais !.. sans honneur et sans foi
Il gagne !!!

LORÉDAN, *hors de lui et lui saisissant le bras.*
Malheureux !

MALIPIERI, *avec sang-froid.*
D'où vient donc ce courroux
Ce rêve est-il donc vrai ? ce seigneur... est-ce vous

ENSEMBLE.

LORÉDAN.
Malgré moi l'effroi qui me glace
A ses yeux a tout révélé,
Du déshonneur qui me menace
Déjà je me sens accablé !

MALIPIERI, *le regardant.*
A ce récit, l'effroi le glace,
Et d'ici je le vois trembler !

ACTE II, SCÈNE X.

Du déshonneur qui le menace
La honte semble l'accabler.
LORÉDAN, *vivement.*
Avant l'honneur, il faut m'ôter la vie !
Il faut prouver pareille calomnie,
Sinon, Monsieur...
MALIPIERI.
Ne craignez rien !
Toutes les preuves, je les tiens !
Ce testament écrit par vous...
LORÉDAN, *stupéfait.*
O perfidie !
MALIPIERI.
Au jeune Donato !..
LORÉDAN, *voulant chercher dans sa poche.*
Comment ?.. par quel hasard ?..
MALIPIERI, *froidement.*
Ne cherchez pas ?.. je l'ai...
(*Voyant Lorédan qui porte la main à son poignard.*)
Votre poignard
Ne pourrait pas empêcher, je le jure,
Ma vengeance !.. elle est en main sûre !
Le parti le plus sage est encor, je le croi
De s'entendre en secret et sans bruit... avec moi !

ENSEMBLE.

LORÉDAN, *à part.*
Châtiment d'un crime
Tourment légitime !
Oui... je vois l'abîme
Ouvert sous mes pas !
A mes vœux sois prompte,
O mort, je t'affronte !
Pourvu que ma honte
N'apparaisse pas !
MALIPIERI.
Châtiment du crime
Tourment légitime,
Au bord de l'abîme
Tu m'obéiras !
D'avance, j'y compte !
Sinon, je raconte...
Et partout la honte
Va suivre tes pas !
MALIPIERI.
D'abord, je réclame ce titre
Que me disputait Andréa.
LORÉDAN, *vivement.*
Jamais ! jamais ! je l'ai dit : il l'aura !
MALIPIERI, *le menaçant.*
Mais de vos jours, je suis l'arbitre...
LORÉDAN.
Prenez-les donc... immolez-moi !
MALIPIERI, *de même.*
Mais demain, aujourd'hui peut-être.
Par moi, Venise va connaître,
LORÉDAN, *à part.*
Mon Dieu, prenez pitié de moi !
MALIPIERI, *de même.*
Que Lorédan, son héros, son idole

De l'honneur déserta la loi...
LORÉDAN, *poussant un cri.*
Qui?... moi !.. sans honneur et sans foi...
(*Tombant accablé.*)
Jamais ! jamais !
MALIPIERI, *s'approchant de lui et le regardant froidement.*
J'ai donc votre parole.
LORÉDAN, *baissant la tête en signe d'adhésion dit avec effort et à voix basse.*
Mon Dieu !.. prenez pitié de moi !

ENSEMBLE.

LORÉDAN.
Châtiment du crime
Tourment légitime !
Oui, je vois l'abîme
Ouvert sous mes pas !
A ma voix sois prompte,
O mort ! je t'affronte
Pourvu que ma honte
N'apparaisse pas !
MALIPIERI.
Châtiment du crime
Tourment légitime,
Au bord de l'abîme,
Tu m'obéiras !
D'avance, j'y compte !
Sinon je raconte...
Et partout la honte
Va suivre tes pas !

(*Malipieri sort par la droite.*)

SCÈNE X.

LORÉDAN, *seul un instant et plongé dans ses réflexions ; puis* **ANDRÉA**, *amené par* **HAYDÉE**, *qui lui fait signe d'avancer.*
LORÉDAN, *entendant marcher près de lui et se levant brusquement.*
Qu'est-ce?.. qui va là?
HAYDÉE, *doucement.*
C'est moi, maître... je viens de voir Andréa...
à qui j'ai raconté...
LORÉDAN, *avec impatience.*
Quoi... que lui as-tu dit?
ANDRÉA, *qui s'est approché.*
Tout ce que vous vouliez faire pour moi... ce commandement que Malipieri me disputait et que vous m'avez accordé.
LORÉDAN, *à part.*
O ciel !
HAYDÉE.
C'était justice.
ANDRÉA.
Oui, j'ai enlevé ce bâtiment à l'ennemi. Je vous l'avais promis... mais vous aussi, mon général, vous avez tenu vos promesses.

LORÉDAN, *à part.*
Et comment lui dire maintenant...
ANDRÉA, *avec chaleur.*
Aussi dans ma reconnaissance... je me ferais tuer pour vous.
LORÉDAN, *baissant les yeux et détournant la tête.*
Non... non... je ne suis pas digne d'un pareil dévouement... car ce que j'avais promis... ce que je désirais faire pour toi... m'est impossible...
ANDRÉA.
O ciel! et pourquoi donc?
HAYDÉE.
C'est Malipieri qui l'emporterait.
LORÉDAN.
Non... ce n'est pas lui .. mais les lois de Venise auxquelles je dois obéir... et qui ne permettent de confier le commandement d'un vaisseau... qu'à un noble... à un membre d'une famille patricienne...
HAYDÉE.
Est-il possible?..
LORÉDAN.
Et mon choix... aussitôt mon arrivée à Venise, serait cassé par le conseil suprême... le conseil des Dix, plus puissant que le doge lui-même!
ANDRÉA.
N'est-ce que cela, mon général, rassurez-vous? votre choix sera confirmé par eux tous.
LORÉDAN.
Que veux-tu dire?
ANDRÉA.
Que je suis noble, que mon père était patricien.
LORÉDAN, *à part.*
O ciel! (*Haut.*) et ce nom... pourquoi l'avoir caché?
ANDRÉA.
J'attendais pour le reprendre que je l'eusse réhabilité!.. à vous, mon général... mon bienfaiteur... je puis tout vous dire. Dans une soirée fatale... dans une partie de jeu... mon père qui avait d'abord gagné des sommes immenses... vit tout à coup la fortune tourner contre lui... et se qui arrive souvent, en pareil cas, devenir aussi constamment funeste qu'elle lui avait été favorable... il perdit tout et même ce qui ne lui appartenait pas... entre autre l'héritage de sa nièce dont il était dépositaire... en rentrant chez lui... il se tua!
LORÉDAN.
O ciel!
ANDRÉA.
Oui, mon général... il s'est tué... et moi, cachant le nom de ma famille... ce nom jusqu'alors pur et intact... je partis bien jeune encore, sur un vaisseau marchand. J'ai regagné par le commerce de quoi acquitter toutes les dettes de mon père. Je paierai tout... je le puis... il ne me restera rien... mais je suis marin, mais j'ai combattu sous vos yeux... j'ai maintenant un patrimoine que rien ne pourra m'enlever... la gloire que j'ai acquise... et le grade que vous m'avez donné.

LORÉDAN, *qui pendant le récit précédent a contenu avec peine son émotion.*
Ah!.. c'est trop de tourments... achève... ton nom... celui de ton père...
ANDRÉA.
Donato... l'avogador!!!

FINAL.

LORÉDAN, *poussant un cri de terreur et restant immobile.*
Ah! justice du ciel!
HAYDÉE, *poussant un cri de joie et courant près d'Andréa.*
A peine j'y puis croire!
(*Andréa et Haydée remontent le théâtre en causant vivement et à voix basse, pendant la cavatine suivante.*)
LORÉDAN, *à part.*

J'hésiterais encor'
J'ai dépouillé le père de son or
Et je dépouillerais lui... son fils, de sa gloire!
Non, non, jamais! Allons! du cœur!
Osons braver même le déshonneur!

(*Regardant de loin Andréa, qui cause avec Haydée.*)

Oui, le ciel m'éclaire,
Je dois aujourd'hui
Remplacer le père
Qui lui fut ravi.

(*A part, et levant les yeux au ciel.*)

Et toi, Donato, pardonne!
De plus qu'exigerais-tu?
Pour lui, pour ton fils, je donne
Bien plus, que tu n'as perdu!

(*A Andréa.*)

Oui, le ciel m'éclaire:
Je dois aujourd'hui
Te rendre le père
Qui te fut ravi!

(*Sur un geste de Lorédan, Domenico, qui vient d'entrer, sonne la cloche qui est au pied du grand mât.*)

SCENE XI.

LES PRÉCÉDENTS, MALIPIERI, DOMENICO, *tout l'équipage*, SOLDATS, MOUSSES *et* MATELOTS, *accourant au son de la cloche.* RAFAELA, *sortant de la chambre de l'amiral et se plaçant près d'Haydée.*

CHŒUR DE MATELOTS ET DE SOLDATS.
A la manœuvre!... allons, du zèle,
C'est notre chef qui nous appelle!
Pour lui, soldats et matelots
Braveraient la flamme et les flots.

LORÉDAN.
Devant vous, mes amis, devant tout l'équipage,
J'ai voulu proclamer mon ordre souverain;
Comme prix de l'honneur, comme prix du courage,
Le dernier bâtiment capturé ce matin
Aura pour chef...

ACTE II, SCÈNE XI.

MALIPIERI, *près de lui, et à voix basse.*
C'est bien!
LORÉDAN, *à voix haute et montrant Andréa.*
Andréa Donato!
ANDRÉA, HAYDÉE ET RAFAELA, *à part.*
O bonheur!
MALIPIERI, *furieux.*
Un instant?...
LORÉDAN, *lui saisissant le bras d'une main et portant l'autre à son poignard.*
Toi, si tu dis un mot..
(*A voix basse.*)
A l'instant même... je t'immole!
MALIPIERI, *bas à Lorédan, qui est près de lui.*
Traître!... tu m'as trompé!...
LORÉDAN.
C'est ta faute!... pourquoi
As-tu compté sur la parole
D'un homme tel que moi... sans honneur et sans foi!..

ENSEMBLE.

MALIPIERI, *regardant Lorédan.*

La guerre, la guerre,
Une guerre à mort!
Je suis, je l'espère,
Maître de son sort!
Sa gloire flétrie
Sourit à mon cœur.
A lui l'infamie
Et le déshonneur!

LORÉDAN, *regardant Malipieri.*

La guerre, la guerre,
Une guerre à mort!
De lui, je n'espère
Grâce, ni remord.
Ma gloire est flétrie
Ainsi que mon cœur.
A moi l'infamie
Et le déshonneur!

HAYDÉE, RAFAELA ET ANDRÉA.

Bonté tutélaire
Qui change mon sort!
Avenir prospère
Bien plus doux encor!
Par lui seul, ma vie
Renaît au bonheur;
Lui, de la patrie,
La gloire et l'honneur!

DOMENICO ET LE CHŒUR.

Bientôt, je l'espère,
Nous verrons le port.
Oui, le vent prospère
Nous conduit à bord!
O rive chérie!
Si douce à mon cœur,
C'est là ma patrie,
C'est là le bonheur;

MALIPIERI, *à part.*
Ma vengeance n'est que remise!
Sachons nous taire sur son bord :
Car, en maître il y règne encor.
Mais quand j'aurai touché Venise.,.
Quand nous serons entrés au port...
(*En ce moment les nuages amoncelés à l'horizon s'écartent, se dissipent, et l'on aperçoit Venise et ses principaux monuments.*
TROIS MATELOTS, *au haut des mâts et criant.*
Venise!... Venise!... Venise!
TOUS.
O bonheur!
LORÉDAN.
Ah! sa vue est mon arrêt de mort!
CHŒUR DE MATELOTS.
O reine de l'Adriatique,
Voici ta sainte basilique
Et tes minarets!
(*Otant tous avec respect leurs bonnets de matelots.*)
Salut! ô ma cité chérie!
O Venise! ô notre patrie!
Tu nous apparais!
(*Le vent a gonflé les voiles du vaisseau qui semble se diriger vers le port, et l'on voit successivement passer dans le lointain l'arsenal de Venise, le quai des Esclavons, et la place Saint-Marc.*)

CHŒUR.

LORÉDAN, *qui pendant ce temps est au bord du théâtre à gauche.*

La guerre! la guerre!
Une guerre à mort!
De lui je n'espère
Grâce, ni remord :
Ma gloire est flétrie
Ainsi que mon cœur!
A moi l'infamie
Et le déshonneur!

MATELOTS ET MOUSSES, *suspendus aux cordages.*

O reine de l'Adriatique,
Voici ta sainte basilique
Et tes minarets!
Salut! ô ma cité chérie!
O Venise! ô notre patrie!
Tu nous apparais.

MALIPIERI, *à droite, montrant Venise, qui apparaît.*

La guerre! la guerre!
Une guerre à mort!
Je suis, je l'espère,
Maître de son sort.
Sa gloire flétrie
Sourit à mon cœur!
A lui l'infamie
Et le déshonneur!

HAYDÉE, ANDRÉA, RAFAELA.

Bonté tutélaire
Qui change mon sort !
Avenir prospère
Bien plus doux encor !
Par lui seul, ma vie
Renaît au bonheur ;

Lui, de la patrie,
La gloire et l'honneur !

(*Le vaisseau est censé entrer dans Venise. La toile tombe.*)

FIN DU DEUXIÈME ACTE.

ACTE TROISIÈME.

Le grand vestibule du palais Grimani. De chaque côté une colonnade en marbre.— Au fond, le théâtre ouvert laisse apercevoir la mer et les principaux édifices de Venise.

SCÈNE PREMIÈRE.
HAYDÉE, *seule*.
RÉCITATIF.

Je suis dans son palais ! à Venise... chez lui !
Aux yeux de ces vainqueurs, que le sort fit nos maîtres,
Cachons, plus que jamais, le nom de mes ancêtres,
Ce nom si glorieux que les fers ont flétri !

Air :

Pour punir pareille offense,
Tant d'affronts, tant de souffrance,
Dès longtemps à la vengeance
J'aurais dû, dans ma fureur,
Livrer mon cœur.
Quel est, malgré moi, le charme
Qui m'enivre et me désarme,
Et quel nom me fait frémir,
Et de trouble et de plaisir ?
Ce nom, qu'hélas !
Je dis tout bas...
Ce nom, mon seul bonheur,
C'est celui du vainqueur
Que la gloire et l'honneur
Rendent cher à mon cœur !
J'entends ce peuple ingrat,
Ces patriciens, ce fier sénat,
Célébrer ses exploits...
A ses pieds, je les vois !
Et lui, si mon cœur le voulait,
Je crois qu'aux miens il tomberait !
Ah ! pour moi quel bonheur
De soumettre un vainqueur
Que la gloire et l'honneur
Rendent cher à mon cœur.
Oui... oui... déjà j'ai cru voir
Luire à mes yeux un faible espoir !
Comme au loin dans la nuit brille
Une étoile qui scintille
Et qui guide, sur les flots,
Les matelots !
Ainsi la douce espérance
A fait luire en ma souffrance
Un bonheur encore lointain
Qu'en mon cœur je cache en vain,
Un nom, qu'hélas !
Je dis tout bas...
Ah ! pour moi quel bonheur
De soumettre un vainqueur,
Etc., etc.

SCÈNE II.
HAYDÉE, RAFAELA, *entrant d'un air agité*.

HAYDÉE.
Qu'avez-vous, signora ? comme vous me semblez agitée ?

RAFAELA.
Ce n'est pas sans raison ! je ne t'ai rien caché, Haydée, je t'ai avoué qu'Andréa Donato, mon parent, mon ami d'enfance...

HAYDÉE.
Était celui que vous aimiez !... et vous faites bien, car maintenant il a conquis, par sa gloire, des droits à votre amour.

RAFAELA.
Juge alors de mon désespoir : Lorédan à qui nous devons tout, Lorédan, son bienfaiteur et le mien, vient, en arrivant, de donner des ordres pour son mariage, avec moi sa pupille.

HAYDÉE, *à part*.
O ciel !

RAFAELA.
Il veut qu'il soit célébré aujourd'hui même !

HAYDÉE, *avec désespoir*.
Il n'y a plus à hésiter... il faut tout lui avouer ou nous sommes... (*Se reprenant.*) je veux dire vous êtes perdus !

RAFAELA.
Moi ! lui avouer !... ah ! je n'oserai jamais !

HAYDÉE, *remontant le théâtre*.
Le voici sans doute ! j'aperçois de loin, sur le grand canal, sa gondole qui revient et que conduit Domenico.

SCÈNE III.
HAYDÉE, RAFAELA, ANDRÉA *et* DOMENICO, *que l'on ne voit pas encore. Voix en-dehors.*

PREMIER COUPLET.
Glisse, glisse, ô ma gondole,
Sur les flots riants d'azur,

De Venise, mon idole,
Ils reflètent le ciel pur!

RAFAELA.
C'est la voix d'Andréa!

ANDRÉA, *paraissant au fond, sur la gondole, que conduit Domenico.*
Amant toujours fidèle,
Auprès de toi j'accours!
O Venise, la belle,
Venise, mes amours!

(*Domenico et Andréa débarquent au pied des murs du palais.*)

ANDRÉA, *pendant que Domenico amarre la gondole.*

DEUXIÈME COUPLET.

Sur les rives étrangères
On rencontre, en voyageant,
Des cités, beautés altières,
Qui séduisent un instant;
Mais, en amant fidèle,
On te revient toujours,
O Venise la belle,
Venise, mes amours!

HAYDÉE, *qui a regardé avec inquiétude autour d'elle.*
Où donc est Lorédan?

ANDRÉA.
Dans la salle du sénat!

DOMENICO.
Où je l'ai conduit et où il était obligé de se rendre!

ANDRÉA.
Mais au moment où il m'a aperçu, son front sombre et soucieux s'est éclairci, et me prenant à part, (Ah! que je suis glorieux de tant de faveur et d'estime), il m'a chargé, moi, d'un important et secret message, à deux pas d'ici! Prends ma gondole, a-t-il dit, va vite, et qu'à mon retour, je te retrouve à mon palais.

HAYDÉE.
Eh! qu'est-ce donc? de quoi s'agit-il?

ANDRÉA, *s'inclinant.*
Pardon, signora, ce que m'a confié mon général, je ne puis le dire à personne...

HAYDÉE, *souriant.*
A moi, je comprends. (*Montrant Rafaëla.*) Mais à elle...

ANDRÉA.
Pas même à Rafaëla!

HAYDÉE, *affectant de sourire.*
Oh! alors, c'est un grand secret!

RAFAELA, *à Andréa.*
Allez donc vite et revenez?

ANDRÉA, *s'éloignant par la gauche.*
Adieu! adieu!...

SCÈNE IV.
RAFAELA, *remontant le théâtre et suivant des yeux Andréa,* HAYDÉE, DOMENICO.

HAYDÉE.
Mais toi, Domenico, toi qui nous restes, peux-tu parler?

DOMENICO, *la regardant sans lui répondre.*
Ah! comme vous êtes belle, Haydée! vous me faites l'effet de Venise au soleil!... plus on la voit et plus...

HAYDÉE.
Il n'est pas question de cela! sais-tu pourquoi Lorédan est, aussitôt son arrivée, obligé d'aller au sénat?

DOMENICO.
Pour rendre compte de sa conduite!

RAFAELA.
Au doge!

DOMENICO.
Il n'y a plus de doge! il est défunt, c'est le conseil des Dix et le grand conseil qui règnent en attendant que nous ayons choisi un autre souverain!... ce qui n'est pas facile!

HAYDÉE.
Il n'y en a pas?

DOMENICO.
Il y en a trop; chacun, au besoin, se donnerait sa voix! moi... tout le premier!...

HAYDÉE.
Et quand reviendra Lorédan?..

DOMENICO.
Ma foi... je n'en sais rien... tout ce que j'ai appris par la ville, c'est que Venise lui accorde, dit-on, une partie des drapeaux conquis sur l'ennemi. Voilà pour lui!... et pour moi... (*Avec embarras.*) Je voulais vous parler aussitôt votre arrivée d'une chose... Vous savez... je vous l'ai dit, une chose .. ou plutôt un projet... Quand je dis un projet... c'est une idée...

RAFAELA, *qui a regardé du côté de la colonnade, à droite.*
Cette fois, c'est Lorédan... c'est bien lui!

DOMENICO, *à part et soupirant.*
Je l'aime autant! je n'en serais jamais venu à bout.

RAFAELA.
Et les principaux membres du sénat et tout ce peuple qui le reconduisent comme en triomphe jusqu'à son palais.

DOMENICO, *à part.*
Sans compter la fête que les bateliers du Lido doivent tantôt lui donner!

SCÈNE V.
LES PRÉCÉDENTS, LORÉDAN, *membres du sénat et du peuple, soldats portant des drapeaux turcs.*

CHOEUR.
Flottez, étendards du prophète!
Drapeaux ravis à l'ennemi!

Faites rayonner sur sa tête
La gloire qu'il donne au pays !
PLUSIEURS SÉNATEURS, *aux soldats, leur montrant les drapeaux.*
Aux murs de ce palais, allez, qu'on les attache !
LORÉDAN, *regardant autour de lui.*
C'est à moi qu'on accorde une telle faveur !
PLUSIEURS SÉNATEURS.
A celui qui toujours, sans reproche et sans tache,
N'a jamais dévié du sentier de l'honneur !
(*Lorédan tressaille.*)

CHŒUR.

Flottez, étendards du prophète !
Drapeaux ravis aux ennemis,
Et faites briller sur sa tête
La gloire qu'il donne au pays !
(*Lorédan pâle et dans le plus grand trouble remercie les sénateurs et le peuple qu'il congédie.*)

SCÈNE VI.

RAFAELA, HAYDÉE, LORÉDAN.

LORÉDAN, *reste un instant plongé dans de sombres réflexions, il regarde autour de lui, avec inquiétude, et dit avec agitation et à voix haute.*
Et Andréa !.. Andréa ne revient pas !
RAFAELA, *allant à lui.*
Nous venons de le voir ! mais chargé par vous d'une mission, il n'est pas de retour !
LORÉDAN, *à part.*
Attendons encore. (*Il fait quelques pas et aperçoit Haydée qui se tient à l'écart, à gauche.*) Ah !.. (*Il s'approche d'elle et s'incline avec respect.*)
HAYDÉE, *étonnée.*
Que faites-vous, Monseigneur ?
LORÉDAN.
Descendante des Botzaris, fille d'un sang royal, que j'ai traitée en esclave, pourquoi m'avez-vous trompé ? Je viens d'apprendre que les envoyés de Chypre offraient des trésors au sénat de Venise pour le rachat de ma capture, il n'en est pas besoin ! Chypre fait désormais partie de la république. Vous êtes Vénitienne, vous êtes libre, et vos biens vous sont rendus !
HAYDÉE.
Grâce à vous, j'en suis sûre !
LORÉDAN, *apercevant Andréa qui paraît au fond du théâtre, et poussant un cri de joie et d'impatience*
Ah ! enfin !..

SCÈNE VII.

LES PRÉCÉDENTS, ANDRÉA.

LORÉDAN, *courant vivement au devant de lui.*
Eh bien...
ANDRÉA, *à voix basse.*
Ainsi que vous me l'aviez ordonné, je lui ai porté votre défi... il refuse.
LORÉDAN, *de même.*
Lui, Malipieri !..
ANDRÉA.
Les lois punissent de mort, dit-il, celui qui tire l'épée dans l'enceinte de Venise.
LORÉDAN.
Eh bien ! partout ailleurs... pourvu que sa vie... ou la mienne...
ANDRÉA.
Il refuse !.. il a, dit-il, pour vous attendre, des armes plus sûres.
LORÉDAN, *tressaille et reprend avec inquiétude.*
Et il n'a rien ajouté ?
ANDRÉA.
Quelques mots seulement où j'ai cru comprendre...
LORÉDAN, *regardant vivement Andréa.*
Quoi !.. qu'as-tu deviné ?
ANDRÉA.
Qu'il espérait empêcher un mariage... que vous projetiez !
LORÉDAN, *à voix haute.*
Ah ! tel est son espoir... Eh bien ! ce mariage se fera ce matin même, dans ce palais. (*Prenant la main de Rafaëla.*) Venez, Rafaëla ?

RÉCITATIF.

ANDRÉA, *et les deux femmes, chacun à part avec un mouvement d'effroi.*
O ciel !
LORÉDAN, *les regardant avec surprise.*
Qu'avez-vous donc tous trois ?
(*à Haydée.*)
Vous frémissez !..
(*Tenant la main de Rafaëla.*)
Et vous tremblez, je crois ?
(*A Andréa.*)
Et toi !
HAYDÉE, *bas à Rafaëla.*
Parlez !
ANDRÉA ET RAFAELA.
Ah ! le remords m'agite !
LORÉDAN, *étonné et à part.*
Eux aussi !
(*Il se retourne et voit Rafaëla et Andréa qui viennent tous les deux de se jeter à ses pieds sans rien dire et qui courbent la tête. Haut.*)
Qu'est-ce donc ?
HAYDÉE.
Ils s'aimaient !
LORÉDAN, *poussant un cri.*
Ils s'aimaient !
(*A part, avec joie.*)
Le destin,
O Donato ! permet qu'à la fin je m'acquitte !
(*Haut, avec émotion et bonté.*)
Levez-vous, mes amis !

ACTE III, SCENE IX.

(*A Andréa, lui montrant Rafaëla.*)
Je te donne sa main !
(*Haydée et les deux jeunes gens poussent un cri de joie.*)
Pourvu, telle est ma loi formelle... expresse !
Que dès ce jour tous mes biens soient à toi !
(*Voyant Andrea et Rafaëla qui vont se récrier.*)
Je le veux ou sinon je reprends ma promesse !
(*Voyant que tous trois l'entourent et veulent le remercier.*)
Et tous trois maintenant, laissez-moi !..
(*Avec force.*)
Laissez-moi !
(*Andrea et les deux jeunes femmes s'éloignent en le regardant d'un air étonné. Haydée surtout qui le contemple avec inquiétude et se retire la dernière sur un nouveau geste d'impatience de Lorédan.*)

SCÈNE VIII.

LORÉDAN, *seul, regardant autour de lui les drapeaux que l'on vient d'attacher aux murs de son palais, et qui se balancent au dessus de sa tête.*

ROMANCE.
PREMIER COUPLET.

Adieu donc, noble ville,
Qui paya ma valeur !..
Mourir est plus facile
Que vivre sans honneur !
Ma vie... ici flétrie
Doit s'éteindre en ce lieu !
Adieu ! gloire et patrie !
O mon honneur... adieu !

(*On entend en dehors, dans le lointain, une ritournelle joyeuse, et Lorédan écoute.*)
Ce sont nos gondoliers ! au palais du vainqueur,
Ils viennent pour chanter ma gloire... et mon bonheur !

CHŒUR, *en dehors.*

Gloire ! gloire ! au fils de Venise
Par qui la mer est soumise,
Digne de vos nobles aïeux,
Vivez longtemps, vivez heureux !

LORÉDAN.
DEUXIÈME COUPLET.

Vous à qui se rattache
Mon bonheur le plus doux,
J'aurais, pur et sans tache,
Voulu mourir pour vous !
Mais le ciel répudie
Jusqu'à mon dernier vœu.
(*Tirant son épée.*)
Adieu ! gloire et patrie !
O mon honneur, adieu !

CHŒUR, *en dehors.*

Gloire aux fils de Venise,
Vainqueurs du musulman,
Par vous, ô Lorédan !
La mer nous est soumise ;
Digne de vos nobles aïeux,
Vivez longtemps ! vivez heureux !

LORÉDAN, *répétant avec émotion.*
Oui, disent-ils .. dans leurs souhaits joyeux...
Vivez longtemps ! vivez heureux !
Adieu tout ce que j'aime !...
(*Il place à terre la garde de son épée et va se précipiter sur la pointe; apercevant Haydée, il s'arrête.*)
O ciel!

SCÈNE IX.
LORÉDAN, HAYDÉE.

HAYDÉE.
RÉCITATIF.
Pardonne-moi si j'ose te troubler,
Maître ! permets ce nom ! c'est toujours ton esclave !
Non, la fille des rois, qui voudrait te parler !

LORÉDAN.
Parle... j'écoute !.. Eh mais ! toi que je sais si brave,
Tu parais bien émue !

HAYDÉE.
Et toi,
Bien tranquille !...

LORÉDAN, *lui prenant la main.*
Elle tremble !

HAYDÉE.
Ah ! ce n'est pas pour moi !

LORÉDAN.
Que veux-tu dire ?

HAYDÉE, *lentement.*
Il est un secret, ô mon maître !
Que tu prétends cacher aux yeux de tous !..

LORÉDAN, *troublé.*
Qui... moi ?

HAYDÉE.
Tu fais bien ! mais tu peux me le faire connaître
A moi seule !... je vais te dire ici pourquoi...

DUO.
Je t'aime, ô mon maître, je t'aime !
Et c'est là mon secret à moi !
Oui, je t'aime, je t'aime,
Et je veux, jusqu'à la mort même,
Tout partager... tout, avec toi !
A la lueur de l'incendie,
Je t'aimais !
Esclave et loin de ma patrie,
Je t'aimais !
Oui, pour toi, tout bas je priais
Et je disais :
Je t'aime, ô mon maître, je t'aime !
Et c'est là mon secret à moi ;
Oui, je t'aime, je t'aime,
Et je veux, jusqu'à la mort même,
Tout partager... tout, avec toi !

LORÉDAN, *la contemplant avec amour.*
Quel jour nouveau, trop tard, hélas ! brille pour moi.

HAYDÉE.
Tu peux donc maintenant te fier à ma foi...

ENSEMBLE.
(Andante.)

HAYDÉE.

Dis-moi quelle est ta peine ?
Devant moi ne crains rien !
Ta douleur est la mienne,
Ton honneur est le mien !

LORÉDAN.

Voix qui calmez ma peine !
Doux et souverain bien !
Ma douleur est la sienne,
Mon honneur est le sien !

LORÉDAN.

Non, non, pour mes tourments, tu ne peux rien, hélas!

HAYDÉE.

Je ne peux rien, dis-tu ? ton cœur ne connait pas
　　Ce que peut l'amour d'une femme!
Quels que soient tes périls, c'est moi qui les réclame!
Que crains-tu ? la prison ou la mort ? Tu te tais?..

LORÉDAN, *tremblant et baissant la tête.*

Si c'était plus encor ?

HAYDÉE.

　　Parle ?

LORÉDAN.

　　　　Non, non, jamais!

ENSEMBLE.

HAYDÉE.

A mon cœur fidèle
Que ta voix révèle
La peine cruelle
Qui te fait souffrir.
Que l'orage gronde,
Mon espoir se fonde
Sur un autre monde,
Un autre avenir !
A lui je me livre,
Et prête à te suivre,
Pour toi, je veux vivre,
Ou, pour toi, mourir !

LORÉDAN, *à part.*

Que rien ne révèle
A son cœur fidèle
La peine cruelle
Qui me fait souffrir!
O nuit ! nuit profonde!
Dérobez au monde
Le remords qui gronde
Et vient m'assaillir !
(A Haydée.)
O voix qui m'enivre!
Je ne puis te suivre !
Sans moi tu dois vivre,
Seul, je dois mourir!

HAYDÉE.

Achève et ne crains rien!

LORÉDAN, *à part.*

　　　　O déshonneur extrême!

HAYDÉE.

e t'en prie à genoux !

LORÉDAN, *se cachant la tête dans ses mains.*
　　Non, non ! plutôt mourir !

HAYDÉE, *se relevant.*

Eh bien donc! ce secret que tu n'oses trahir,
Je le déroberai seule et malgré toi-même...
Jusque-là seulement, comptant sur mon secours,
Promets-moi de ne pas attenter à tes jours!
Tu le jures... pour moi tu dois les conserver !
(Lorédan fait signe qu'il y consent.)

HAYDÉE, *avec exaltation*

Et moi... je jure, ingrat, de te sauver !

ENSEMBLE.

HAYDÉE.

Que l'orage gronde,
Mon espoir se fonde
Sur un autre monde,
Un autre avenir!
A lui je me livre,
Et prête à te suivre,
Pour toi, je veux vivre,
Ou, pour toi, mourir !

LORÉDAN.

O nuit ! nuit profonde !
Dérobez au monde
Le remords qui gronde
Et vient m'assaillir !
O voix qui m'enivre !
Je ne puis te suivre !
Sans moi tu dois vivre,
Seul, je dois mourir !

SCÈNE X.

(Sur la ritournelle du morceau précédent entre Malipieri, Lorédan l'aperçoit et court saisir son épée qu'il a laissée près du fauteuil à droite. Haydée qui ne le perd pas de vue a suivi tous ses mouvements.)

LORÉDAN, HAYDÉE, MALIPIERI.

LORÉDAN, *à part.*

Malipieri !

HAYDÉE, *à part, regardant Malipieri.*

Le danger qui le menace est là.

LORÉDAN, *bas à Haydée.*

Laisse-nous.. je t'en prie ?

HAYDÉE, *de même.*

Ne puis-je donc pas rester ?

LORÉDAN, *de même.*

Plus tard... je te verrai !

HAYDÉE, *de même.*

Jusque-là tu m'as promis de vivre.

LORÉDAN, *de même.*

Je tiendrai mon serment.

HAYDÉE, *de même.*

Et moi, le mien !... je te sauverai ! *(A part, et sortant par la porte à droite.)* Oui ! je le sauverai ! *(Malipieri pendant ce dialogue s'est avancé lentement du fond du théâtre, et se trouve près de Lorédan.)*

SCENE XI.

LORÉDAN, MALIPIERI.

MALIPIERI, *regardant sortir Haydée.*
C'est là l'esclave qui devait m'appartenir et qui me fut ravie !..., esclave du sang royal !

LORÉDAN.
Ah ! tu le sais déjà !

MALIPIERI.
Venise ne parle que de ses richesses.

LORÉDAN.
Eh bien ! que ne fais-tu valoir tes prétentions sur elle... c'est le moment.

MALIPIERI.
J'y ai renoncé, vous le savez. Un autre sujet m'amène... une bonne nouvelle pour vous.

LORÉDAN, *vivement.*
Le combat que je t'ai proposé...

MALIPIERI.
Mieux encore !.. (*d'un ton froid et lent.*) le sénat assemblé pour élire un doge semble réunir, dit-on, ses suffrages, sur un illustre guerrier ! sur le dernier rejeton d'une antique famille, dont l'honneur a toujours brillé intact, et dont aucune tache n'a jamais terni le blason !... l'amiral de Venise, Lorédano !

LORÉDAN.
Moi !...

MALIPIERI.
Ce choix, qui se répand déjà dans la ville, ne sera publié que dans une heure sur la place Saint-Marc et du haut du Bucentaure... je viens de l'apprendre, et je me hâte de me rendre à l'assemblée, pour remettre au conseil des Dix un papier cacheté que j'ai là... acte important...

LORÉDAN, *avec fureur.*
Malipieri !

MALIPIERI.
Et authentique, car il est écrit de votre main. Sa lecture au milieu du sénat peut enlever au futur doge sa couronne ducale, sa gloire et son honneur..... tel n'est point mon désir... ni le vôtre non plus !... j'en suis persuadé... et avant de me rendre au conseil, je vous redirai seulement : Si vous m'accordez la main de Rafaëla, votre pupille, votre honneur devient le mien. Et en sortant de la chapelle de votre palais... je vous rends ce papier fatal... seule preuve qui vous condamne ! (*Lorédan le regarde quelque temps en silence, puis se dirige vers la table à droite et frappe sur un timbre.*)

MALIPIERI, *avec joie.*
A la bonne heure !... à moi la fortune... à vous les honneurs... il n'y a pas à hésiter !

LORÉDAN.
Et je n'hésite pas ! (*A un valet qui paraît.*) Disposez tout pour le mariage de Rafaëla, ma pupille, avec Andréa Donato, à qui je laisse tous mes biens ! (*A Malipieri, qui fait un geste de colère.*) Vous pouvez vous rendre au sénat. (*Il sort par la porte à gauche.*)

SCÈNE XII.

MALIPIERI, *puis* HAYDÉE *qui sort de la porte à droite, et suit des yeux Lorédan qui s'éloigne.*

MALIPIERI, *avec fureur.*
Eh bien ! puisqu'il le veut, que sa gloire périsse !
Et ma fortune aussi !
(*Il fait quelques pas pour sortir.*)

HAYDÉE, *redescendant le théâtre et se plaçant devant lui.*
Où courez-vous ?

MALIPIERI.
Faire justice !

HAYDÉE.
Non pas ! mais perdre un ennemi !
(*Montrant de la main la porte à droite.*)
J'ai tout entendu !...

MALIPIERI.
Toi !

HAYDÉE.
Parlons sans artifice !

MALIPIERI, *tirant de sa poche la lettre cachetée.*
Ah ! tu sais, le secret de ce fatal écrit !

HAYDÉE.
Je sais, s'il est connu, que Lorédan périt !

MALIPIERI, *frappant sur sa poche où est le papier.*
Son honneur est à moi !

HAYDÉE.
Je veux te l'enlever !

MALIPIERI.
J'ai juré de le perdre !

HAYDÉE.
Et moi de le sauver !

ENSEMBLE.

HAYDÉE, *à part.*
Noble amour dont l'ardeur m'enflamme,
Soutiens les forces de mon âme !
Tu sais les serments que j'ai
Le sauver et mourir après !

MALIPIERI.
Ardente haine qui m'enflamme,
Viens guider, embraser mon âme !
Tu sais les serments que j'ai faits,
Oui, le perdre et mourir après !

HAYDÉE.
Je suis libre à présent ! plus de maître, d'entrave !

MALIPIERI.
Je le sais !... le sénat vient de briser tes fers !

HAYDÉE.
Pour prix de cet écrit, je serai ton esclave !
Le veux-tu ?

MALIPIERI, *étonné.*
Toi !

HAYDÉE.
Moi !

MALIPIERI.
Non !... je veux des biens plus chers !

HAYDÉE.
Mes richesses peut-être !... eh bien ! je te les donne !

MALIPIERI.

Je veux plus !.. tes trésors et toi-même avec eux !

HAYDÉE, à part, tressaillant.

O ciel !

MALIPIERI.

Devant l'autel, ta main !...

HAYDÉE.

Ah ! je frissonne !

MALIPIERI.

Ta main !... ta main... c'est le prix que je veux,
Aux autels de Saint-Marc, à l'instant, je le veux !

ENSEMBLE.

HAYDÉE.

Noble amour, dont l'ardeur m'enflamme
Soutiens les forces de mon âme;
Tu sais les serments que j'ai faits,
Le sauver et mourir après !

MALIPIERI.

Ardente haine qui m'enflammes,
Viens guider, embraser nos âmes !
Je dois en voyant tant d'attraits
Tenir aux serments que j'ai faits !

(Haydée entraînée par Malipieri sort par la gauche tandis qu'on entend au dehors une musique vive et joyeuse.)

SCÈNE XIII.

CHŒUR DE PEUPLE, GONDOLIERS, MARCHANDS, OUVRIÈRES, BOUQUETIÈRES, *paraissant au fond du théâtre en gondoles, tandis que d'autres entrent sur la scène, de différents côtés, par la colonnade du vestibule.*

CHŒUR.

Venez, accourez du Lido
Descendez tous du Rialto !...
  Venise la belle
  Gaîment nous appelle,
Aujourd'hui, par elle,
Nous sommes heureux !
Triomphe et conquête !
C'est un jour de fête.
Qu'ici rien n'arrête
Notre élan joyeux !
    Liberté
    Et gaîté !
  Place à nous,
  Rangez-vous !
  Sénateurs
  Et seigneurs;
Au peuple, les honneurs !
  Plus d'impôts
  De travaux !
  Pour un jour.
  A mon tour
  Je suis roi,
  C'est la loi
Et Venise est à moi.

(Pendant que le cortége entre en scène, Lorédan et Rafaëla sortent de la porte à gauche et le peuple reprend le chant général.)
  Venise la belle
  Gaîment nous appelle
  Etc., etc.

TROIS SÉNATEURS, *s'avançant au milieu du théâtre.*

Nous choisissons pour doge, ainsi que nos aïeux,
Celui, de qui le bras nous défendit le mieux !;

(*S'adressant à Lorédan.*)

A ce rang, Lorédan, vous seul deviez prétendre ?

LORÉDAN, *troublé.*

Je n'ai point mérité ce titre glorieux...
Je n'ose... je ne puis... l'accepter !

SCÈNE XIV.

LES PRÉCÉDENTS, HAYDÉE, *entrant par la gauche et apparaissant près de Lorédan.*

HAYDÉE, *bas à Lorédan.*

Tu le peux ?
Ton honneur est sauvé... tiens, je viens te le rendre !
(*Elle lui glisse dans la main un papier cacheté, et lui montre le manteau du doge et la couronne ducale que les avogadors apportent en ce moment en cérémonie.*)

LORÉDAN, *poussant un cri de joie et jetant un regard sur le papier.*

Plus de preuves !...

HAYDÉE, *portant la main à son poignard.*

Adieu ! pour moi tout est fini.

LORÉDAN, *lui retenant le bras.*

Ah ! que dis-tu ?

HAYDÉE, *avec désespoir.*

Je viens de me donner à lui !

LORÉDAN, *stupéfait.*

A lui !..

HAYDÉE.

Pour te sauver !.. je l'avais promis !..

LORÉDAN.

Pour me sauver... ah ! je frémis !..
  Toi, sa femme... à lui
  A ce Malipieri...
  Non... non, plutôt mourir !

LE PEUPLE, *regardant vers le fond du théâtre.*

Quel bruit vient de retentir !

SCÈNE XV.

LES PRÉCÉDENTS, DOMENICO, *suivi de plusieurs Gondoliers et se débattant au milieu de la foule.*

DOMENICO, *parlant à des sbirres.*

C'est une indignité ! et vous ne pouvez l'arrêter ainsi ni le condamner sans nous entendre !

LORÉDAN, *s'avançant.*

Qu'est-ce donc?

DOMENICO, *montrant Andréa qui s'avance du fond du théâtre, enchaîné et entouré de sbirres.*

C'est Andréa qu'on entraîne en prison et qui disent-ils, mérité la mort !

ACTE III, SCÈNE XV.

RAFAELA.

O ciel !

DOMENICO.

Mais nous étions là, moi et les gondoliers que voici... nous savons comment cela s'est passé.

LORÉDAN, *avec impatience.*

Eh ! parle donc !

DOMENICO.

Certainement... c'est-à-dire nous ne savons pas comment cela a commencé, mais au moment où nous arrivions sur la place Saint-Marc, ils sortaient tous deux de l'église en parlant avec chaleur, et Andréa s'écriait : Le lâche n'est pas celui qui propose le combat, mais celui qui le refuse ! — Et l'autre a répondu d'un air insolent : Je ne me suis pas battu, parce qu'on ne se bat pas avec un infâm... Il n'avait pas achevé ce mot qu'Andréa l'a frappé à la joue !

ANDRÉA, *qui pendant ce temps s'est avancé.*

Il a tiré son épée... moi, la mienne !..

DOMENICO.

Vaillamment, en gens de bien... nous étions là, et après une lutte acharnée...

ANDRÉA.

Il est tombé !

DOMENICO.

Raide mort, sans souffler, le coup était bon !

LORÉDAN.

Eh ! qui donc ?

DOMENICO.

Malipieri !...

HAYDÉE, LORÉDAN ET RAFAELA.

O ciel !

DOMENICO, *avec chaleur.*

Et c'est pour un coup d'épée comme celui-là, qu'il doit être, dit-on, condamné au nom de la loi... si ce n'est pas une horreur !...

LORÉDAN, *aux sbirres qui veulent emmener Andréa.*

Arrêtez !... le jour de son avénement, le doge a le droit de faire grâce... et ce titre de doge... je l'accepte ! (*Cris de joie; Andréa, dont on détache les fers, court aux pieds de Lorédan, qui le relève et lui montre Rafaëla. Puis, sans rien dire, il tend la main à Haydée.*)

CHOEUR.

Que retentissent dans Venise
Les clairons, le son de l'airain !
Que l'Adriatique soumise
Roule aux pieds de son souverain !
Lorédan ! Lorédan ! est notre souverain !

(*Les drapeaux s'inclinent devant lui et l'on voit au fond du théâtre s'avancer le Bucentaure, qui vient aborder près du vestibule du palais. Lorédan, entouré des sénateurs, se dispose à monter sur le vaisseau La toile tombe.*)

NOTA. — La mise en scène exacte de cet ouvrage, transcrite par M. J. PALIANTI, fait partie de la collection publiée par la *Revue et Gazette des Théâtres*, rue Saint-Anne, 55.

FIN.

www.ingramcontent.com/pod-product-compliance
Lightning Source LLC
Chambersburg PA
CBHW070455080426
42451CB00025B/2745